태양은 다시 떠오른다
The Sun Also Rises

서숙 교수의 영미소설 특강 6

The Sun Also Rises

태양은 다시 떠오른다

서숙 지음

이화여자대학교출판부

〈서숙 교수의 영미소설 특강〉 시리즈를 펴내며

대학에서 영미소설을 강의한 지 20여 년이 훨씬 넘어가고 있을 때였다. 두 번째 안식년을 다녀온 그해 가을 학기, 나는 물었다. 그동안 내가 했던 그 많은 강의들은 다 어디로 갔나. 나와 함께 책을 읽었던 그 많은 학생들, 그들은 모두 어디서 무엇을 하나.

〈영미소설 특강〉 시리즈는 이런 질문에서 시작되었다. 나는 강의실에서 소설을 읽으며 우리가 거쳐 간 그 강렬했던 지적·정서적 경험을 되살리고 싶었고, 우리에게 살아 있음을 깨닫게 해주었던 그 순간들을 기억해내고 싶었다. 그들과 나의 사라진 시간에 정체성을 부여하고 싶었다.

지구력과 인내가 요구되는 특강 시리즈를 이런 개인적인 느낌만으로 시작한 것은 물론 아니다. 〈주홍글자〉, 〈위대한 개츠비〉, 〈허클베리 핀의 모험〉, 〈여인의 초상〉, 〈술라〉, 〈태양은 다시 떠오른다〉 등으로 이어지는 이 강의록을 통해 일반 독자들이 영미소설과 문화를 이해하는 데 일조하고 싶다는 마음도 크다. 그리고 무엇보다도 강의라는 형식의 글쓰기를 통해 소설 읽기의 즐거움과 소설 공부하기의 훈련이 별개의 것이 아님을 확인하고 싶다. 외국어라는 암호를 일단 풀어야 하는 경우에는 더욱 그렇다. 강의로 끝나버리는, 허공으로 사라지는 의미와 말들을 다시 붙들어 응시하면서 나는 활자가 열어주는 무궁한 세계를 재발견하는 듯하다. 그렇다. 까맣고 또렷한 글자들은 영롱한 생명을 품고 있는 씨앗들이다. 우리 눈에, 가슴에 뿌려진 씨앗들은 언젠가 싹을 피워낸다. 이 막강한 영상매체의 시대에 활자의 힘에 대한 이 깨날음은 나에게 새삼스럽고 소중하다.

나와 함께 소설을 읽으며 우리들의 텃밭을 가꾸었던 젊은이들에게 이 책을 드린다. 이 시리즈를 기획한 김용숙 선생님과 출판부장 김훈순 선생님, 그리고 편집을 담당한 이혜지 선생님에게 감사드린다.

나는 2011년 은퇴했고 〈영미소설 특강〉 시리즈는 계속되고 있다.

서 숙

차례

The Sun Also Rises

The Sun Also Rises

시작하면서

자, 여러분 안녕하세요. 비 오는 월요일 아침 첫 시간인데, 이렇게 모두 와서 앉아 있으니 고맙네요. 중간시험 보고 나니, 벌써 4월의 끝이군요. 그래요. 시간은 어김없이 흐르는군요. 그 흐르는 시간 속에서 이렇게 여러분과 내가 함께 공부할 수 있는 것. 그것이 이 순간 우리에게 허용된 최선의 일이라고 생각합니다. 안개비까지 내리니까 더욱 그런 마음이 드네요.

여러분, 어니스트 헤밍웨이라는 작가에 대해 얼마나 알고 있나요? 그의 단편을 읽은 적이 있거나 혹은 영화를 본 적 있나요? 다른 건 몰라도 그의 사진들, 보셨나요? 얼굴의 절반을 뒤덮은 덥수룩한 흰 턱수염이 인상적이지요. 그의 트레이드마크인 이 수염은 흔히 말해서 작가의 남성적인 카리스마의 상징으로 알려져 있어요. 그러나 그의 사후에 출판된 자전적 회상록, 『움직이는 축제A Moveable Feast』(한국어판 제목: 파리는 날마다 축제)에 의하면, 이 수염은 그가 20대에 파리를 비롯한 유럽의 산악 지역에서 열심히 습작을 할 당시, 강렬한 태양으로부터 연약한 피부를 보호하기 위해 기르기 시작했다고 해요. 수염 기르기 전 헤밍웨이의 얼굴은 대단히 예민하고 섬세한, 젊은 예술가의 얼굴로 보입니다.

헤밍웨이는 한국 독자들에게 가장 많이 알려진 미국 작가 중의 한 명일 거예요. 그의 작품들은 전 세계에 번역되었고 영화로도 많이 만들어졌어요. 노벨문학상도 탔고요. 그러니까 헤밍웨이는 문학적으로도 상업적으로도 성공한 작가라고 할 수 있지요.

그는 한국 대학에서도 많이 읽히는 작가였어요. 적어도 1960년대를 거쳐 1990년대 중반까지도 그랬던 거 같아요. 우리가 읽을 『태양은 다시 떠오른다』를 비롯하여, 스페인 내전 참전 경험을 다룬 『누구를 위하여 종은 울리나For Whom the Bell Tolls』, 1차 대전의 비극을 다룬 『무기여 잘 있거라A Farewell to Arms』, 그리고 말년의 대표작으로 그에게 노벨문학상을 안겨준 『노인과 바다The Old Man and the Sea』 등은 특히 잘 알려져 있지요.

헤밍웨이는 1899년 미국 일리노이 주 오크파크에서 태어났어요. 아버지는 의사였고 어머니는 오페라 가수 지망생이었어요. 그는 유년 시절부터 미시간 호수와 숲에서 낚시와 사냥을 했어요. 그리고 고등학교 때부터 교지에 글을 발표했고, 대학 진학 대신 『캔자스시티 스타』지에 수습기자로 들어갑니다. 그의 단순하고 단단한 문장은 이때부터 생긴 것이라고 하지요.

1차 대전에 참가했던 그는 전쟁이 끝나자 『토론토 데일리 스타』지의 유럽특파원으로 파리에 갑니다. 이때 소설 『와인즈버그, 오하이오Winesburg, Ohio』를 쓴 셔우드 앤더슨Sherwood Anderson의 소개로 당시 파리의 미국인 망명 작가들의 중심에 있던 거투르드 스타인Gertrude Stein 그룹에 합류하지요. 여기서 에즈라 파운드, 제임스 조이스, 막스 이스트만, 스콧 피츠제럴드 등의 작가들과 교류합니다. 소위 실 잃은 세대를 대변히는 작가 중의 한 사람이 되는 것이지요. 이 시절의 헤밍웨이에 관해서는 잠시 후 그의 회상록 『움직이는 축제』를 언급할 때 좀 더 말하게 될 거에요.

그의 일생은 역동적인 현실 참여로 점철되고 있어요. 1차 대전에서 부상을 당하기도 했고 스페인 내전과 2차 대전에도 참여했어요. 『누구를 위하여 종은 울리나』의 배경으로 잘 알려진 스페인 내전은 1936년 프랑코 장군이 민주적으로 선출된 공화파 정권에 대항하여 쿠데타를 일으키면서 시작되었어요. 공화국 진영은 미국, 영국 등의 지원을 받았고 프랑코 진영은 나치 독일과 무솔리니 정권, 가톨릭교회 및 왕당파 진영의 지지를 받았어요. 1939년 전쟁은 프랑코 장군의 승리로 끝났고 이후 그가 죽을 때까지 40여 년 동안 잔혹한 보복과 정치적 망명들이 뒤따르지요.

여러분, 피카소의 「게르니카」, 그 거대한 벽화를 아시지요? 내전 당시 나치 군이 스페인 게르니카 지역을 폭격할 때의 참상을 그린 것이라고 하지요. 전쟁의 잔인함과 공포, 절망을 나타내는 이 작품은 20세기, 아니 역사상 가장 강력한 반전 예술로 꼽히기도 합니다.

당시 헤밍웨이는 이런 참혹한 내전을 취재하고 공화 진영의 입장에서 돈을 모으기도 하면서 이 내전이 2차 대전의 전주가 될 것을 예견하기도 했어요. 또한 그는 1941년 중국으로 가서 중일전쟁을 취재했고, 2차 대전 때에는 노르망디 상륙과 파리 해방을 목격하기도 했어요. 그러니까 20세기의 전쟁들, 그 역사의 현장에 늘 있었던 것이지요.

그는 말년의 대부분을 쿠바에서 보냈어요. 하바나 교외에 집을 짓고 20여 년간을 살았는데 그때 『노인과 바다』를 썼어요. 그는 1960년 쿠바를 떠나 아이다호 주에 정착했고 1961년 자살로 생을 마감합니다.

헤밍웨이는 역동적인 삶을 산 작가예요. 평생 위험하고 박진감 넘치는 스포츠에 심취했어요. 아프리카에서의 사냥, 망망한 바다 위에서의 낚시, 무엇보다 투우 경기에 대한 그의 열정은 소설 속에 강렬한 주제로 나타납니다. 우리가 읽을 『태양은 다시 떠오른다』의 젊은 투우사, 『노인과 바다』의 노인, 그의 단편들, 특히 『패배하지 않는 자The Undefeated』, 『킬리만자로의 눈The Snows of Kilimanjaro』에 등장하는 주인공들이 떠오릅니다. 투우와 사냥과 낚시에 대한 헤밍웨이의 열정은 단순히 위험한 스포츠를 즐기는 차원에 머물지 않아요. 그것은 투우장에서 황소와 홀로 대결하고, 망망대해에서 상어와 사투를 벌이는 상황에서 인물들이 보여주는 용기와 두려움에 대한 치열한 성찰로 이어져요. 그의 인물들은 때로는 신체적인 때로는 심리적인 상처를 안고 있어요. 동시에 그들은 용기와 신념을 가지고 있어요. 그들이 극한 상황에서, 죽음 앞에서, 자신의 존엄성을 어느 정도 어떻게 지킬 수 있는가, 하는 것이 그의 지속적인 관심이었어요. 그가 독자들에게 던지는 실존적인 질문이지요.

때로 그의 작품들이 갖는 대중적인 요소가 문학성을 희석 또는 훼손시킨다는 평도 받아요. 그러나 위기 앞에 선 개인의 존엄성이라는 오래되고 진부한 듯한, 그러나 결코 진부해질 수 없는 주제를 그는 다양한 배경에서 다양한 인물들을 통해 탐구하고 있어요. 특히 인간의 삶을 지켜주던 전통적 가치와 규범이 무너진 세계에서 개인이 홀로 자신의 주체성을 지킬 수 있는가는 여전히 중요하고 본질적인 문제예요.

『태양은 다시 떠오른다』의 배경이 되는 스페인 문화에 대한 그의 관심은 이런 맥락에서 이해될 수 있어요. 그것은 단순히 이국적인 풍광과 강렬한 삶에 대한 동경을 넘어 인간다움의 정수, 그러니까 진정성이 여전히 살아 있는 곳에 대한 그의 갈망과 연결돼요. 좀 더 보세요.

헤밍웨이와 스페인의 관계는 투우에 대한 그의 열정적인 관심으로 나타나요. 그는 투우를 스페인의 종교적이고 예술적인 정신의 결정체로 보면서 거기서 자신의 문학을 위한 풍부한 영감을 받아요. 그가 소설 속에 묘사하는 투우의 세계는 진정한 투우 애호가만이 그려낼 수 있는 통찰로 가득 차 있어요. 그가 1932년에 펴낸 논픽션, 『오후의 죽음Death in the Afternoon』은 투우의 역사와 전통을 다룬 대표작으로, 삶과 문학에 대한 헤밍웨이의 철학과 성찰이 녹아 있어요.

헤밍웨이의 투우에 대한 열정은 전후 서구를 휩쓸기 시작하던 소비문화에 아직 오염되지 않은 삶에 대한 탐색으로 이어져요. 기존 가치의 붕괴로 방향을 잃고 헤매는 시대에 그는 다른 문화 속에서 새로운 가능성을 모색하는 것이지요. 자, 이제부터 우리는 서구 질서와는 다른 대안적 시각에서 그의 첫 장편, 『태양은 다시 떠오른다』를 읽어보려고 합니다.

여러분, 잘 아시지요? 사라예보 사건으로 촉발된 1차 대전은 4년간에 걸쳐 전 유럽을 초토화시켰어요. 이상에 불타는 수

많은 젊은이들이 참호 속에서 죽어갔어요. 이 전쟁으로 식민주의 시대가 끝나고 오스만 제국 등이 해체되지만, 동시에 산업혁명 이후 생긴 과학기술 문명과 이성에 대한 믿음이 붕괴되기도 합니다. 유럽 전체가 깊은 좌절감에 빠지지요.

이 소설은 무엇보다 그 전쟁과 상처, 그리고 환멸에 관한 이야기예요. 전쟁의 후유증과 기억에 관한 이야기예요. 동시에 전후의 황량한 세계를 변화시킬 새 질서를 모색하는 소설이기도 해요.

소설의 배경은 1차 대전 이후의 파리예요. 전쟁 이후, 기존의 권위와 질서가 더 이상 역할을 하지 못하는, 엘리엇이 '황무지'로 표현했던 서구 사회를 대변하는 곳이지요. 이곳에서 미국인 신문기자 제이크와 그의 여자친구 브렛, 그리고 그들과 어울려 다니는 인물들이 어떻게 살아가는지를 보여줍니다. 아니 우왕좌왕하면서 떠도는 모습을, 무엇을 하며 무슨 생각을 하며 어디에서 어떻게 시간을 보내는지 보여줘요. 막연하고 애매하지요? 좀 더 보세요. 인물들은 주로 도시의 야경을 배경으로 술집으로, 댄스홀로, 카페로, 레스토랑으로 희희낙락 몰려다녀요. 천하에 근심걱정이란 없어 보여요. 아니 지루하고 따분해 보여요. 소설이 시작해서 1부가 끝날 때까지 인물들은 이렇게 술 마시고 춤추고 비틀거려요.

그래서 독자들은, 아니, 뭐하는 거야? 책을 덮으려는데, 그때

스토리가 시작돼요. 처음에는 슬그머니, 그러나 차츰 분명하게 독자들은 제이크와 브렛의 관계가 심상치 않다는 것을 느끼게 돼요. 제이크 때문이지요. 그는 전쟁에서 부상을 입고 성적 불구가 된 것으로 암시돼요. 생명의 소생이 불가능해 보이는 황무지 상황을 작가는 제이크의 불구성으로 압축시키는 것이지요.

제이크의 부상은 텍스트에 명시되지 않아요. 제이크와 브렛의 알 듯 모를 듯한, 두 사람 사이에만 통하는 대화로 암시될 뿐이에요. 그리고 두 사람이 사랑할 수 없어 고민하고 방황하는 모습으로 그려져요. 그러니까 제이크의 부상은 전후 기존 질서와 권위가 붕괴되는 상태를 나타내요. 더 정확하게는 과거의 가부장적 남성 주체성이 지배하던 시대의 종말을 나타내요. 이것이 이 소설의 기본 설정이에요.

남성이 더 이상 주체가 될 수 없을 때, 그에 근거했던 다른 질서들은 연쇄적으로 흔들리는 것이지요. 브렛의 방황 내지 방종은 이를 상징적으로 나타내는 것이고요. 특별한 줄거리가 없는 듯이 진행되는 이 소설을 이해하기 위해 이 부분을 명심해야 합니다.

그래요. 헤밍웨이는 이 책에서 전후 1920년대 파리를 배경으로 길 잃은 세대의 자화상을 그리고 있어요. 앞에서도 말했듯이 1920년대 파리에는 헤밍웨이를 비롯하여 에즈라 파운드, 스콧 피츠제럴드 등이 살고 있었어요. 그들은 카페에서 글을 쓰고 압생트를 마시고 거트루드 스타인의 살롱에서 예술적 실험에 대해 토론했어요. 아시지요? 이 시대는 방황했던 만큼 새로운 예술적 시도들이 만개하던 때이기도 했어요. 우리, 『위대한 개츠비』를 읽을 때 이 부분에 대해 살펴보았지요?

지금은 잠깐 이 당시 파리에 살았던 헤밍웨이에 대해 더 말하고 싶어요. 『움직이는 축제』, 이 책은 작가가 죽기 직전에 완성했어요. 그의 20대 파리 시절을 기억해낸 책이에요. 이 책의 탄생은 놀라워요. 보세요. 작가는 1920년대 파리에서 습작 시절을 보냈잖아요. 그런데 그 이후 30년도 더 지나서, 그의 생의 마지막 무렵 1957년 유럽을 방문했을 때 자기가 1928년 파리의 리츠 호텔에 맡겨둔 트렁크가 여전히 보관되어 있는 것을 알게 되었어요. 그 트렁크 안에는 젊은 시절 파리에서 썼던 짤막한 글들, 메모들이 들어 있었어요. 아, 기적이지요. 옛 성터를 발굴하던 고고학자들이 땅속에서 보물을 발견한 것보다 더 극적이고 흥분되는 일이 헤밍웨이에게 실제로 일어난 것이지요.

쿠바로 돌아온 그는 짧은 글들과 메모들을 근거로 기억을 더듬고 되살려 1920년대 파리의 삶을 살려냈어요. 예술가들의 삶, 그들의 고뇌와 열망, 무엇보다도 치열했던 자신의 수련 시대를 눈부시게 복원해냈어요.

『움직이는 축제』는 그렇게 쓰여진 젊은 시절에 대한 회상록이에요. 완벽한 시예요. 그는 1959년에 이 책을 완성했고 다음해에 출간 예정이었어요. 그러나 1961년에 죽어요. 사후에 출판된 이 책은 헤밍웨이 산문의 정수를 보여줍니다. 그는 단단하고 투명한 문장들로 예술가들의 성지와도 같았던 1920년대 파리의 풍경을 되살리고 있어요. 여러분에게 강추합니다.

좀 더 들여다볼까요? 무엇보다 이 책에는 젊은 아내와 통통한 어린 아들을 둔, 글쓰기에 몰두하는 작가 초년생 헤밍웨이의 삶이 고스란히 담겨 있어요. 젊은 그가 난방이 안 되는 다락방과 카페를 옮겨 다니며 쉬지 않고 글을 쓰던 모습들이 40여 년의 시간을 건너뛰어 생생하게 그려지고 있어요.

가난한 젊은 작가는 이른 아침 조용한 카페에서 커피 한 잔을 시킨 뒤 배가 고플 때까지 글을 써요. 파리 도처에 있는 빵집에는 바케트가 진열되어 있고 노천카페에 앉은 이들은 맛있는 스프와 와인을 즐겨요. 그는 멀리 카페와 바케트가 잘 보이지 않는 공원 근처로 자리를 옮겨요. 배고픔이 그의 글을 밀고 나간 힘이 되었다고 그는 쓰고 있어요.

또 있어요. 셰익스피어 앤 컴퍼니, 유명한 전설적인 책방이지요. 책방의 도서관에 회비를 내고 가입하면 얼마든지 책을 빌릴 수 있지만 그는 회비가 없어요. 책방 주인 실비아 비치는 그를 잘 모르면서도 책들을 빌려주었어요. 또 있어요. 내가 읽을 때마다 박장대소하는 부분이에요. 당시 피츠제럴드와 그의 아내 젤다, 그의 딸도 파리에 살고 있었어요. 한번은 헤밍웨이와 피츠제럴드 두 사람이 뚜껑 없는 차를 타고 시골길을 달리다가 비를 만나 피츠제럴드는 감기가 들었나 봐요. 헤밍웨이의 글에 나타나는 피츠제럴드는 유약하고 어린애 같은 면이 있어요. 하여간에 그는 침대에 누워 죽는 소리를 내며 헤밍웨이에게 아내와 딸을 부탁한다고 해요. 헤밍웨이는 속으로 생각해요. '그 정도 감기는 아닌데. 나도 아내와 아들이 있는데…' 정말 재미있어요. 여러분이 찾아서 읽으세요.

하여간에 헤밍웨이는 이 시절 정말 열심히 글을 썼어요. 오전 오후 표시해가면서 시간을 아꼈어요. 그는 글 쓰지 않고 하루를 낭비해버린 뒤에 오는 죽음 같은 외로움을 느끼고 싶지 않았어요. 아침에 일어나면 연필을 깎으며 마음의 준비를 했어요.

그가 『움직이는 축제』에서 파리 시절을 그렇게 간결하고 투명한 문장으로 되살려낼 수 있었던 것도 그 철저한 자기 훈련이 바탕이 되었을 거예요. 그 시절을 그는 참으로 가난했지만 참으로 행복했다고 분명하게 말하고 있어요. 감동적이에요. 길지도 않아요. 문장들은 투명해요. 아, 이런 문장을 예순 가까운 그가 여전히 쓸 수 있었구나, 40년 전의 일들을 이렇게 선명하게 기억하는구나, 이 책을 한 번 또 한 번 읽으면서 탄식했어요. 부럽고 샘이 났기 때문이에요. 내가 책상 위에 두고 자주 아무 곳이나 펴서 읽는 책이에요.

이런 것 같아요. 흙을 파고 색색의 꽃들을 넣은 뒤 유리를 덮었어요. 몇 년 뒤 살살 흙을 걷어내니 생생한 꽃들이 고스란히 살아나는 느낌. 그래요. 파리 습작 시절은 그에게 결코 사라지지 않는 축제예요. 평생 동안 그와 함께 있어요. 그는 이렇게 말합니다. "젊은 시절 당신이 파리에서 살 만큼 행운아였다면, 남은 생애 동안 어디에서 살든, 그때의 기억은 남아 있다. 왜냐하면 파리는 움직이는 축제이기 때문이다." 그러니까 축제와 같았던 젊은 날의 파리의 기억이 고스란히 이 책에 되살아난 것이지요.

『태양은 다시 떠오른다』의 배경이 되고 있는 파리에서 헤밍웨이는 이렇게 강렬한 젊은 시절을 보냈어요. 그의 첫 장편인 이 소설에는 그래서 당시 파리의 거리들, 공원들, 골목들, 센강변의 카페와 술집들이 생생하게 그려져 있어요.

그러나 여러분, 이 소설의 인물들이 파리 근처만 떠도는 것은 아니에요. 그들은 곧 스페인으로 이동해요. 그곳에서 다른 문화, 다른 가치와 만나요. 농본적 질서, 인간끼리의 유대감이 살아 있고 종교가 삶의 중심에 있는 공동체에 들어가요. 그리고 현지인들과 만나요. 여기서 방황하는 제이크 일행과 젊은 투우사 로메로가 대비돼요. 그러니까 이 소설은 파리에서 시작하여 스페인으로 이동했다가 다시 파리로 돌아오는 형식을 취하고 있어요. 그 과정에서 인물들은 자기들끼리 충돌하고, 다른 가치를 가진 사람들을 만나고 배반하기도 하면서 어렵게 자기대면을 하고 어렴풋이 의식의 변화를 거쳐요.

우리는 제이크 일행이 이곳에서 어떤 경험을 하는지, 제이크와 브렛은 로메로와의 만남을 통해 어떤 변화를 겪는지 주목할 것이에요. 반복하건대 이 소설은 흔히 말하듯 전후 방황하는 세대의 자화상으로 그치지 않아요. 그들의 방황을 보여주면서 동시에 이들을 위한 새로운 가치를 보여주려고 해요. 그래요. 투우 축제가 계속되는 스페인은 단순히 이국적인 다른 공간이 아니라 황무지에 변화를 가져올 수도 있는 가능성과 연결돼요.

이 소설의 구성을 보면 이것은 더 분명해져요. 소설은 전체 3부 19장으로 되어 있어요. 1부는 7장까지로 파리가 배경이에요. 신문기자 제이크와 브렛, 로버트와 프랜시스 등이 카페와 살롱과 레스토랑으로 움직여요. 느릿느릿 나타났다가 사라지고 또 나타나요. 이런 상태에서 긴장감을 느끼게 하는 것은 제이크와 브렛의 이야기예요. 전쟁에서 부상 당한 제이크와 브렛의 관계는 어긋나고 그들의 고민이 여기서 비롯돼요. 그와 브렛이 둘이서만 있는 것을 피하고 항상 카페와 술집 등에서 여러 사람들과 어울리는 이유가 여기에 있어요.

1부는 전체적으로 황량한 대도시의 밤풍경을 배경으로 움직이는 영화 장면처럼 이어져요. 이 사람들, 뭐하는 거야? 독자들은 난감해집니다. 그러나 2부에 오면 달라져요. 18장까지 인물들이 움직이는 공간은 스페인이에요. 제이크와 브렛, 로버트, 제이크의 친구 빌, 브렛의 약혼자 마이클 등이 산페르민 축제에 참가하기 위해 합류합니다. 공동체의 축제로서 투우의 의미, 거리를 질주하는 황소 떼와 군중, 제이크 일행의 불협화음이 표면화되면서 줄거리의 방향도 분명해집니다. 브렛과 함께 휴가를 보냈던, 그녀에 대한 혼자만의 환상에 빠져 있는 로버트에 대한 인물들의 혐오감이 뚜렷하게 강조됩니다.

이 불협화음은 제이크가 브렛과 젊은 투우사 로메로를 연결시키자 폭발합니다. 유태인이라는 이유로 일행에게 멸시를 당해오던 로버트가 제이크와 마이크, 로메로에게 주먹을 휘두르지요. 이를 계기로 로버트는 퇴장하고 로메로의 존재가 전면에 나타납니다. 작열하는 태양, 삶과 죽음이 교체되는 투우장의 긴박감, 흥분한 관중의 함성과 에너지, 그 속에서 진정한 투우사, 로메로의 특징이 강조돼요. 로메로와 브렛은 함께 떠나고 남은 제이크 일행도 뿔뿔이 흩어집니다.

마지막 3부는 19장뿐이에요. 제이크는 로메로와 떠난 브렛에게서 소식이 올 것을 기다립니다. 브렛에게서 전보가 올 때까지 그는 자기 대면의 긴 시간들을 갖게 돼요. 이때 그의 의식에 일어나는 소리 없는 변화가 감지됩니다. 두 사람은 다시 만나고 파리행 기차를 기다리는 동안 제이크는 브렛에게서 로메로에 대한 이야기를 듣습니다. 독자는 로메로와의 만남이 브렛에게 어떤 변화를 가져왔는지 알게 돼요. 이 짧은 마지막 장에서 작가는 두 사람의 대화를 통해 길 잃은 세대를 위한 메시지를 전달합니다.

이처럼 이 소설에서 스페인 배경은 중요해요. 작가는 방황하는 인물들을 보여주면서 동시에 이곳에서 이들을 위한 새로운 모색을 해요. 아울러 이곳 또한 서구 세계의 오염에서 자유롭지 못한 것도 보여줍니다. 서구 문명에 대한 헤밍웨이의 냉정한 진단이지요.

다시 반복할까요? 이 소설에서 서구 사회를 대변하는 파리는 전후의 상실감과 혼돈에 빠져 있어요. 전쟁 전의 가부장적 가치와 권위는 붕괴되고 새로운 가치는 보이지 않아요. 제이크의 부상은 이 무기력한 절망 상태를 상징합니다. 제이크뿐만이 아니에요. 등장하는 다른 남성들도 신체적 · 심리적 불구를 안고 있어요. 로버트는 유태인이라는 자의식에 묶여 있고 브렛의 약혼자 마이클은 알코올중독자예요.

이런 상황에서 전통적 젠더 개념은 흔들려요. 여성들의 정체성도 혼란스러워져요. 소설 곳곳에서 남자처럼 머리를 짧게 잘라 뒤로 빗어 넘긴 여자들, 구불구불한 머리에 흰 손과 흰 얼굴을 한 젊은 남자들을 볼 수 있어요.

제이크와 브렛의 고통스러운 이야기는 이런 혼란 상태에서 전개됩니다. 제이크의 혼돈, 브렛의 방황은 이런 맥락에서 이해할 수 있어요. 이런 시대적 상황을 염두에 두고 이제 소설로 들어가지요.

The Sun Also Rises

제1강

오랜만에 강의시간에 이 소설을 읽게 되네요. 21세기의 감성과 사고방식을 가진 여러분이 1차 대전 이후 서구의 감성을 반영하고 있는 소설의 인물들을 어떻게 받아들일는지요. 궁금하고 기대됩니다.

소설을 읽기 시작하면서 우리는 곧 두어 개의 특이한 점을 발견하게 돼요. 무엇보다 '전후 세대의 방황'이라는 가볍지 않은 이야기가 단순하고 쉬운 문장으로 이어진다는 거예요. 단어들도 일상적으로 사용하는 것들이에요. 여러분, 언젠가 이와 비슷한 얘기를 한 것 같지 않나요? 그래요. 『허클베리 핀의 모험』을 읽을 때도 그랬었지요.

그러나 『허클베리 핀의 모험』과 이 소설은 물론 차이가 있어요. 『허클베리 핀의 모험』은 학교도 잘 안 다닌 떠돌이 백인 소년 헉 핀이 주인공이잖아요. 그 아이가 문법이니 어려운 단어를 제대로 사용할 리가 없지요. 그러나 이번 경우는 다릅니다. 이 소설의 화자, 제이크는 전형적인 백인 엘리트 남성이에요. 작가 지망생이고 현재는 파리에서 신문기자로 일하고 있어요. 그러니까 글쓰기가 전문인 사람이에요. 그런데 이렇게 쉬운 문장을 쓰다니요.

그래요. 헤밍웨이는 『허클베리 핀의 모험』의 문장에서 많은 것을 배웠어요. 간단하고 짧은 문장, 문학적인 용어가 아닌 일상적인 단어. 그는 『허클베리 핀의 모험』이야말로 소설의 혁명이라고까지 했어요. 또한 그도 마크 트웨인처럼 신문기자였어요. 그래서 감정을 자제하고 사실에 기반한, 하드보일드형의 특징이 두 작가의 문장에 드러나지요.

그러나 헤밍웨이의 경우, 단순하고 쉬운 듯한 문장들을 좀 더 들여다보면 대단히 복잡하다는 것을 알게 됩니다. 주인공들이 처한 상황과 그들의 심리적 소용돌이가 단순하지 않을 때, 그의 단순한 문장들은 복잡한 내면 상태를 억제하거나 감추고 있기 때문이지요.

우리는 곧 알게 돼요. 그의 단순한 문장과 인물들의 복잡한 내면 사이에는 상당한 괴리가 있다는 것을. 다시 말해, 그의 단순한 문장이란 복잡한 감정 세계를 나타내는 '빙산의 일각'일

뿐인 거지요. 이것이 잘 알려진 헤밍웨이의 '빙산의 일각 원칙' 입니다. 여기서 독자에게 과제가 주어집니다. 독자는 그의 쉬운 문장이 빙산의 일각임을 알아차려야 합니다. 그리고 그 아래 감춰진 빙산의 실체, 그 크기와 무게를 파악해야 합니다.

그래요. 작가는 독자에게 만만치 않은 부담을 줍니다. 또는 작가가 독자를 존중한다고 할 수 있을까요? 그는 독자가 한마디만 듣고도 전체를 파악할 수 있는 능력이 있다고 생각하는 것일까요? 이 부분을 주목합시다. 독자의 능력을 믿는 작가는 직접 나서서 하나에서 열까지 설명하는 대신 많은 부분을 생략해요. 그 생략된 부분을 독자가 해독하게 만들어요. 그러면서 독자를 작품 속에 참여시키는 것이지요.

반복하지요. 헤밍웨이의 문장은 극도로 자제되고 밀도가 높아요. 가령 주인공 제이크는 자신의 고통을 나열하거나 고통에 휘둘리는 모습을 거의 보여주지 않아요. 그는 늘 멀찍이 떨어져서 바라보는 듯한, 방관자적인 입장을 취해요. 때로는 자조적이기도 해요. 그의 내면의 고통을 상상하고 짐작하는 일을, 그 책임을 작가는 독자에게 넘기는 것이지요. 심연 속의 소용돌이를 헤아리는 것은 독자의 몫이에요. 따라서 독자는 소극적인 태도가 아니라 적극적으로 개입하여 사건의 전개에 몰두하고 공감하게 되는 것이지요. 이것이 때로 '생략의 예술Art of omission' 또는 '자제의 윤리'라는 표현으로 설명되는 헤밍웨이 문장의 특징입니다.

아, 부담 가질 것은 없어요. 독자의 마음 아니겠어요? 독자가 빙산의 실체를 알고 싶으면 물속으로 잠수하는 것이고, 아니면 물 위에 나온 것만 보고 지나가는 거지요. 그러나 한 가지는 기억하세요. 그의 경쾌한 문장들이 많은 경우 인물들의 고뇌를 감추고 있어요. 단순한 문장들이 경박하게 느껴지지 않는 이유입니다.

여러분, '태양은 다시 떠오른다The Sun Also Rises', 이 제목이 어디서 온 것인지 아시는지요? 이 제목에 대해서 지금 어떤 생각이 드는지요? 소설을 다 읽고 난 뒤의 생각과 비교하시기 바라요. 차이가 있다면 어디에서 오는 건지, 그때 알게 되겠지요. 처음부터 이런 기대를 가지게 되네요. 이 소설의 힘이기도 합니다. 자, 시작할까요?

이 소설의 화자이자 주인공은 제이크 반즈입니다. 그런데 알아차렸나요? 소설은 로버트 콘에 대한 이야기로 시작돼요. 화자인 제이크가 친구 로버트 콘과 그의 여자친구 프랜시스에 대해 이야기하는 것으로 시작되지요. 자기 자신과 자기가 사랑하는 브렛에 관해서는 그다음에 말해요. 주목합시다. 로버트가 이 소설에서 차지하는 중요성이 이런 식으로 나타나요.

제이크가 로버트를 소개하는 방식을 보세요. 그를 어떤 인물로 소개하는지, 그의 어떤 요소를 강조하는지 보세요. 제이크는 무엇보다 로버트가 유태인이라는 것, 유태인이라는 그의 자의식이 그의 삶, 특히 여자관계에 끼치는 영향에 대해 말해요.

좀 더 자세히 보지요. 로버트 콘, 그는 프린스턴 대학 출신의 잘생긴 남자군요. 뉴욕의 오래된 유태인 부자 가문 출신이군요. 대학 시절 권투를 했고, 한 번 이혼했고, 지금은 프랜시스라는 여자와 사는군요. 또 한 권의 소설을 낸 작가지망생이고요. 그런데 보세요. 제이크는 이런 로버트가 여전히 사춘기 소년 같다고 약간 경원하는 어조로 말하는군요. 그가 소설에나 있을 법한 낭만적 사랑을 꿈꾸고 먼 곳의 삶을 동경하기 때문이라는 것이지요.

로버트가 권투를 하게 된 동기가 흥미롭군요. 그가 권투를 시작한 것은 대학에서 유태인이기 때문에 느끼게 된 열등감을 없애기 위해서예요. 그는 친절하고 수줍었는데, 그는 이 사실에 대해 억제된 분노 같은 것을 가지고 있어요. 왜 그럴까요? 그의 수줍음과 친절함이 유태인이라는 자의식과 상관있기 때문이 아닐까요? 그는 사람들과의 충돌을 피하고 차별을 속으로 참았어요. 그의 이런 자기 억제 경향은 그를 수동적이고 방어적으로 만들었군요. 앞으로 로버트가 차지할 비중을 생각하면서 아래 인용문을 읽어보세요.

■ ■ ■ 로버트 콘은 아버지 쪽으로는 뉴욕에서 가장 부유한 유태인 가문 출신이었고, 어머니 쪽으로는 가장 유서 깊은 가문에 속해 있었다. 프린스턴에 진학하기 위해 다닌 군대식 예비학교에서 그는 미식축구팀에서 아주 훌륭한 엔드(전위선 양쪽 끝에 있는 선수) 역할을 맡았기 때문에 아무도 그에게 유태인임을 자각하게 하지 않았다. 그가 프린스턴 대학에 입학하기 전까지는 아무도 자신이 유태인이라는 것을, 그래서 다른 학생들과 다르다는 것을 느끼게 하지 않았다. 그는 착하고 친절한 학생이었고 대단히 수줍었기 때문에, 이런 차별이 그를 비통하게 만들었다. 그는 울분에 찬 그 비통함을 권투로 풀었다. 그리고 권투에서 얻어맞아 납작해진 코와 유태인이라는 고통스러운 자의식을 가진 채 프린스턴을 졸업했고 자기에게 잘 대해주는 첫 번째 여자와 결혼했다. (4)*

보세요. 소설의 시작부터 인종차별에 대해 말하고 있군요. 이는 제이크 자신의 인종차별의식을 반영하는 것일까요? 헤밍웨이의 소설에서 의외인 것 같지 않나요? 하여간에 로버트에게 유태인이라는 자의식이 생긴 것은 프린스턴에서였다는 사실에 주목합시다. 무엇을 뜻할까요?

프린스턴 대학은 인종차별의 본거지였던 남부에 있는 대학

* 이 책의 인용문은 저자가 번역한 것이다. 사용한 텍스트는 *The Sun Also Rises*(Charles Scribner's Sons, 1954)이다.

이 아니에요. 미국 정치 · 문화의 중심, 동부에 있는 명문 대학입니다. 미국의 명문 대학과 인종차별, 일견 모순되는 듯하지만 또 어찌 보면 놀랄 것도 없어요. 대학은 자유로운 정신과 창조의 산실인 동시에 기득권의 가치와 질서를 고수하려는 보수 집단이기도 하니까요. 그래서 선택받은 이들의 우월의식은 주변인들과 타자들을 차별하게 되는 것이지요. 그들을 소외시켜 자의식을 느끼게 하는 것이지요.

명문 대학에서 생긴 유태인이라는 로버트의 자의식은 이후 그의 삶에 중요한 영향을 미칩니다. 그는 여성들과의 관계에서 능동적이지 못해요. 가령 그는 졸업 후 자기에게 친절하게 대해주는 첫 번째 여자와 결혼했어요. 이혼할 때도 비슷한 패턴이 반복돼요. 그는 아내를 떠나고 싶었지만 망설이는 사이 아내가 먼저 다른 남자와 떠나요.

그의 첫 번째 결혼이 대학 시절에 생긴 유태인이라는 자의식과 연결되었다면, 현재 함께 사는 프랜시스와의 만남은 이혼의 후유증과 상관있어요. 그 여자는 로버트가 발행인으로 있는 잡지를 출세의 발판으로 삼으려고 그를 붙잡았고 그는 자신이 그 여자를 사랑한다고 확신해요. 로버트의 삶을 지배하는 수동적인 메커니즘이 보입니다.

여기서 미국에서의 유태인에 대한 편견 내지 차별에 대해 잠깐 말하지요. 앞으로 로버트는 제이크 일행으로부터 계속 유태인이라고 차별을 당하니까요. 우리는 미국의 인종차별에 대해 논할 때 흑백 갈등을 먼저 떠올리게 되지요. 노예 제도로 굳어진 흑인에 대한 차별의 역사는 미국이 앞으로도 계속 짊어지고 가야 할 짐이자 도전이니까요. 그런데 이 소설을 읽으며, 유태인에 대한 미국 내의 차별도 만만치 않은 것을 알게 돼요.

미국의 유태인 차별은 나치를 피해 미국으로 온 독일 유태인들과 제정 러시아의 학살을 피해 온 유태인 이민이 급증하면서 본격적으로 가시화되었다고 해요. 이들 이민 유태인들은 다른 소수 인종들과 마찬가지로 다양한 분야에서, 백인 앵글로색슨 프로테스탄트가 지배하는 주류 사회에서 차별받고 배제되었군요.

그러다가 1970년대 미국이 흑인차별 정책을 완전히 폐지하자 유태인들도 국회의원으로, 대학교수로, 의사, 경영인, 부동산업자 등으로 사회에 진출해요. 오늘날 그들은 막강한 경제력을 바탕으로 과학, 미술, 음악 등 학계와 예술계를 장악하고 있어요. 정치적인 세력 집단이 되고 있어요. 아인슈타인, 키신저을 비롯해 여러분이 잘 아는 영화감독 스티븐 스필버그 등이 떠오르네요.

그래요. 새삼스러운 얘기이지만 미국은 한편으로는 '자유의 여신상'을 내세우고 다른 한편으로는 소수 세력을 차단하는 '벽'을 만들었군요. 그 옛날 월가Wall Street에 있던 '벽Wall'은 처음에는 유태인을 배제하기 위해 만들어진 것이라고 해요. 지금 월가의 벽은 사라졌지만 반유태인 정서에 대해 유태인들은 여전히 민감해요. 가령, 『뉴욕 타임스』나 『워싱턴 포스트』의 경영자 일가는 유태인이지만 논설주간이나 편집장 자리는 유태인에게 주지 않아요. 이스라엘 지역의 특파원으로도 유태인 기자를 파견하지 않아요. 미국 사회의 반유태인 정서를 의식한 유태인들의 조심스러운 전략인 것이지요. 하여간에 방황하는 세대의 자화상으로 불리기도 하는 이 소설이 유태인 인물에 대한 묘사로 시작되는 것이 흥미롭군요.

지금까지 우리는 제이크의 눈을 통해 로버트 콘에 대해서 알게 되었어요. 그런데 아직 소설의 화자, 제이크에 대해서는 아는 바가 없어요. 물론 앞으로 알게 되겠지만 지금은 그가 로버트의 어떤 요소를 강조하는지 보면서 그에 대해 짐작할 뿐이에요.

이런 경우와 같아요. 내가 어떤 사람에 대해 말할 때, 그의 취미, 좋아하는 음식 등을 강조할 수 있어요. 또는 그의 출신 학교, 가족 배경 등을 강조할 수도 있어요. 또는 외모를 내세울 수도 있어요. 무엇을 강조하건, 이를 통해 말하는 사람이 무엇을 중요하게 여기는지 짐작할 수 있어요. 제이크의 경우는 어떤가요? 로버트에 대한 그의 이야기를 들으면서 우리는 백인 주류 엘리트 남성의 인종의식을 봅니다. 그리고 로버트의 여성

관계를 설명할 때는 전형적인 가부장적 태도도 보여요.

자, 궁금해집니다. 제이크와 로버트는 어떤 친구 관계인지요? 로버트는 삶에 대해 여전히 사춘기적인 태도를 가지고 있어요. 삶이니 사랑이니 하는 것에 대해 환상을 가지고 있어요. 그에 비하면 제이크는 냉정한 눈으로 세상을 보는 듯합니다. 그래요. 그는 전쟁으로 인한 상실과 환멸을 경험한 인물로 나타날 거예요.

이런 경우를 보세요. 로버트는 제이크에게 남미 여행을 함께 가자고 조릅니다. 다른 사람들은 책에 나오는 것처럼 흥미진진한 삶을 즐기는데 자신은 따분하게 인생을 낭비하고 있다는 거죠. 어린애 같다고요? 아직 삶을 자기 식으로 살아보지 못했다는 소리이기도 하지요. 그래서 그의 칭얼거림 또는 갈망 속에는 어떤 결핍감이 느껴져요. 이에 대해 제이크는 말해요. "당신이 말하는 그런 충만한 삶은 없어요. 투우사들에게나 가능하지." 또 이렇게 말해요. "이봐요 로버트, 다른 나라로 간다고 달라지는 것은 없소. 나는 모두 가봤어요. 이곳에서 저곳으로 다닌다고 해서 당신 자신으로부터 멀어질 수는 없어요. 그런 거 전혀 없어요."

제이크의 말에 동의하나요? 제이크는 한마디로 로버트의 갈망을 묵살하는군요. 그는 먼 곳에 대한 기대, 낯선 곳이 우리를 변화시켜줄 것이라는 환상 같은 것은 없다고 잘라 말해요. 무엇이 그를 이렇게 만들었을까요? 다시 반복하지요. 그의 이 말은 전쟁을 치르고 부상을 당한 그의 상태를 나타내요.

여기서 그가 한 말에 주목하세요. "충만한 삶, 그런 것은 투우사에게서나 가능하지." 이 말을 우리는 기억할 거예요. 제이크 일행이 스페인 산페르민 축제에 가서 젊은 투우사 로메로를 만날 때 다시 상기할 거예요. 제이크가 생각하는 충만한 삶은 어떤 것인지, 로메로를 통해 구현되는 진정한 삶은 어떤 것인지 알게 될 것이에요.

또 하나, 다른 곳에 간다고 우리 자신이 달라지는 것은 아니라는 말에도 주목하세요. 우리는 이 말에 동조할 수도, 안 할 수도 있어요. 다른 곳으로 간다고 해서 자동적으로 우리가 변하지는 않을 테니까요. 그러나 이런 경우는 어때요? 다른 곳으로 가서 낯선 사태에 부딪혔을 때, 우리 속의 또 다른 모습이 나타나기도 해요. 그로 인해 우리 자신이 변할 수도 있어요. 자, 앞으로 우리는 스페인에 간 제이크 일행이 어떤 경험을 하게 될 것인지 볼 거예요. 어떻게 변하게 되는지도 알게 될 거예요.

소설의 시작부터 등장하는 로버트는 제이크의 포일 캐릭터 foil character라고도 해요. 포일 캐릭터란 쉽게 말해서 주인공과는 대조되는 인물로, 주인공과는 다른 가치와 특징들을 가지고 있어요. 그래서 주인공의 특징 또는 장점을 더욱 부각시키기도 해요.

가령 『햄릿Hamlet』에서 햄릿의 포일 캐릭터는 오필리아의 오빠 리아티스라고 할 수 있어요. 햄릿이 아버지를 죽인 숙부를 즉시 죽이지 못하는 우유부단한 성격으로 그려진 반면, 리아티스는 햄릿이 자기 아버지를 죽인 것을 알고 지체 없이 본국으로 돌아오지요.

그렇다면 로버트는 어떤가요? 로버트는 권투를 했던, 건장한 남성이지만 제이크와 달리 격렬한 운동을 싫어해요. 그는 투우를 싫어해서 일행들로부터 따돌림을 당하기도 해요. 무엇보다 전쟁에서 부상당한 제이크는 자조적이고 방관자적이지만 그는 여전히 삶에 대한 환상을 가지고 있어요.

그럼에도 불구하고 로버트와 제이크는 공통점을 가지고 있어요. 두 남자 모두 전통적 가부장 권위가 흔들리는 시대의 위축된 남성상을 보여줍니다. 제이크는 성적 불구라는 설정으로, 로버트는 심리적 위축이라는 설정으로 그려져요. 때로 로버트는 제이크가 억제하는 감정들을 행동으로 터뜨리기도 해요. 그런 면에서 그는 때로는 제이크의 분신처럼 보이기도 해요.

자, 이제 유태인이라는 로버트의 자의식이 그의 여성 관계에 어떻게 나타나는지 보세요. 그것은 프랜시스에 의해 증명됩니다. 로버트의 유약함은 공격적이고 출세욕이 강한 프랜시스 앞에서 더 두드러져요. 남성이 주체적이지 못할 때 여성이 어떤 모습이 되는지를 보여주는 것이지요. 이들의 관계는 제이크와 브렛을 등장시키기 위한 예비 장치입니다.

프랜시스는 전후 1920년대에 나타나기 시작한 신여성의 특징을 보여줍니다. 그래요. 신여성의 출현은 사회 · 문화 · 경제적 변화와 함께 와요. 1차 대전이 서구 사회에 지각 변동을 가져온 뒤 특히 두드러진 것이 젠더 관계의 변화이지요. 앞에서도 말했듯이 이것은 이 소설 속의 남녀관계를 이해하기 위한 기본 사항입니다.

프랜시스는 어떤 의미에서 신여성이라고 할 수 있나요? 무엇보다 그 여자는 사회적 출세를 원해요. 가정의 수호천사 같은 것은 안중에 없어요. 그러면서도 사회적 출세를 위해 남자의 배경이 필요하고 자신의 미모를 이용한다는 점에서는 주체적인 여성의 모습과는 거리가 있어요. 사회적 성취를 젊음이라는 생물학적 조건에 의존하고 있으니까요.

좀 더 볼까요? 프랜시스는 로버트 콘을 발판으로 성공하려 하지만 그의 잡지가 출세를 보장하지 못하자 그를 혐오해요. 그러나 그를 떠나는 대신 최대한 이용합니다. 자신의 감정과 목적을 분리하는 능력이 있군요. 그녀는 로버트에게 유럽으로 가서 글 쓸 것을 권해요. 유럽에 온 두 사람은 여행을 하고 파리에 살고 있어요. 그러나 시간이 지나면서 그녀의 자신감은 줄어드는 반면, 로버트는 인기 작가가 되어 주위에 젊은 여성들이 모여들고 그녀에게서 마음이 떠나고 있어요. 초조해진 그녀가 매달리는 것은 결혼이에요. 아이도 낳고 싶어해요. 재미있지요? 그녀에게 결혼은 사회적 성공이 여의치 않게 되자 붙들게 되는 차선책이군요. 그 여자는 출세 대신 결혼이 여성에게 보장하는 안정과 지위를 원하는 것이지요.

■ ■ ■ 그는 잡지를 발판 삼아 출세해보려는 어떤 여자에게 꽉 잡혀 있었다. 그 여자는 대단히 강압적이었고 콘은 벗어날 기회를 전혀 만들지 못했다. 그 또한 그 여자를 사랑한다고 확신했다. 잡지가 성공하지 못할 것임을 느끼게 되자, 여자는 콘에 대해 좀 염증이 났지만 그녀는 뭔가를 얻을 수 있는 동안 얻어내는 게 좋겠다고 판단했다. 그래서 유럽으로 가자고, 거기서 콘은 글을 쓸 수 있다고 강력하게 주장했다. 그들은 유럽으로 갔고 거기서 3년을 머물렀다. (…)
그와 함께 있는 여자, 프랜시스는 2년이 다 되어갈 무렵, 자신의 미모가 시들해지는 것을 발견하고 로버트를 무책임하게 소유하고 착취하려고만 들던 태도를 바꾸어 반드시 그와 결혼해야겠다고 결심했다. (5)

이런 상황을 나타내듯, 로버트에 대한 프랜시스의 집착은 거의 병적으로 묘사됩니다. 프랜시스는 제이크와 로버트 등과 만난 자리에서 가차 없이 로버트를 공격해요. 자기는 그동안 로버트에게 시간만 낭비했다고, 다른 남자와 결혼할 수 있는 좋은 시기를 모두 놓쳤다고 그를 비난해요. 로버트는 책도 쓰고 여자들도 주위에 모이고 부자인데, 자기는 빨리 이혼을 하는 바람에 위자료도 못 받아 돈도 없다고 탄식해요.

■ ■ ■ "2년 전이면 나는 칸에서 내가 원하면 누구하고든지 결혼할 수 있었어요. 멋진 여자와 결혼해서 안정을 찾고 싶은 나이 든 남자들은 누구나 나를 정말 좋아했거든요. 그러나 이제 나는 아무도 만날 수 없어요."

(…)

"콘은 아이들도 있고 돈도 있고 돈 많은 어머니도 있어요. 그는 책도 냈죠. 하지만 아무도 내 책을 출판하려 들지 않아요. (…) 그리고 나는 한 푼도 없어요. 위자료를 받을 수 있었지만, 이혼을 최대한 빨리 해버렸거든요." (47)

자 여러분, 프랜시스를 보면서 어떤 생각이 드세요? 뭐랄까, 측은하기도 하다고요? 그렇지요. 그 여자의 말 속에는 로버트와 나누었던 사적인 감정들은 전혀 나타나지 않아요. 그동안 그를 사랑했는지 전혀 알 수가 없어요. 오직 그 때문에 자신이 인생의 좋은 기회를 놓쳤다는 것, 무엇보다 지금 돈 한 푼 없다는 것만 내세우고 있어요.

대단히 자기중심적이고 현실적인 태도군요. 그 여자의 입장에서 보면 시간은 그녀에게 불공평하군요. 프랜시스의 이런 태도는 곧이어 등장할 브렛과 비교, 대조될 것입니다. 그의 심리적인 위축 상태를 고려할 때 로버트는 그녀에게서 벗어나기가 쉽지 않을 듯하군요. 과연, 소설의 끝, 로버트는 제이크 일행과의 우여곡절 끝에 더욱 의기소침해진 상태로 그 여자에게로 돌아갈 것이라고 암시되는군요.

그런데 여러분, 프랜시스를 묘사하는 제이크의 시선은 어떤가요? 그는 프랜시스에게 아무런 호감도 느끼지 못해요. 이해하려는 태도도 전혀 없어요. 미숙해 보이는 로버트를 꽉 잡고 닦달하는 그 여자는 그의 눈에 혐오스러워요. 그는 그 여자의 집요함에 치를 떠는 듯해요.

왜 그럴까요? 그녀를 바라보는 제이크의 시선 속에는 사회적 야망을 가진 여성에 대한 거부감과 적대감이 들어 있는 듯해요. 남성적 권위가 도전받는 것 같고, 위협당하는 것 같아서일까요? 다시 한 번 우리는 제이크에게서 기득권을 가진 백인 남성의 모습을 확인하게 됩니다.

이 부분을 주목하세요. 이렇게 인습적인 제이크를 성적 불능으로 설정한 것은, 그가 대변하던 기존의 사회 질서와 남성적 권위에 엄청난 균열이 생겼다는 소리예요. 제이크의 존재가 근본적인 절망과 마주했다는 소리예요. 이는 곧 우리가 만날 브렛과 그의 관계를 통해 나타날 것입니다.

The Sun
Also Rises

제2강

앞에서 우리는 로버트의 심리적 상처에 대해, 그와 프랜시스의 관계에 대해 말했어요. 이번에는 제이크가 전쟁에서 입은 물리적 부상과 브렛과의 관계를 다루게 될 거예요. 남성 권위의 상징으로 여겨지던 성기능 장애는 제이크와 브렛의 관계를 위기로 몰아요. 제이크는 브렛에게 어떤 식의 주도권도 행사하지 못하며, 이에 브렛은 방황합니다.

두 사람의 관계를 살펴보기에 앞서 브렛에 관해 간단하게 말할까요? 브렛은 지금부터 끝까지 등장합니다. 프랜시스와는 달라요. 시작 부분에 등장한 프랜시스는 소설의 끝에 우여곡절을 거친 뒤 더욱 의기소침해진 로버트가 그녀에게 돌아갈 수밖에 없을 거라는 암시가 나올 뿐이에요.

반면 브렛은 소설이 끝날 때까지 계속 등장하지만 그녀에 관한 구체적인 설명은 따로 없어요. 그녀 자신의 성찰을 보여주는 부분도 없어요. 프랜시스에 관한 상당히 자세한 설명들이 있었던 것과는 대조적이에요. 브렛은 단지 인물들의 대화를 통해서만, 그녀와 제이크의 대화를 통해서만 그 모습을 드러내요. 그러나 그녀는 스토리를 실질적으로 끌고 가는 인물입니다. 그녀는 소설 속의 남성들을 지배해요. 제이크의 행동과 감정을 좌지우지해요.

무엇보다 그녀는 소설의 끝에 자신의 깨달음을 나타내는 중요한 발언을 해요. "나는 나 자신을 존중하게 된 것 같아." 그녀의 이 발언은 이 소설에서 헤밍웨이가 제시하는 거의 유일한 메시지예요. 이 점을 기억합시다.

자, 브렛은 누구인가요? 그 여자에 관한 객관적인 정보라는 것도 인물들이 어쩌다가 주고받는 대화를 통해서 얻게 되는군요. 그 여자는 서른네 살이에요. 아주 젊다고 할 수 없는 나이지요. 그러나 남성들이 주위에 모여드는 것을 보면, 그녀는 눈부시게 아름다웠다, 라는 문장이 나오는 것을 보면, 그녀에게 '뭔가 특별한 것'이 있는지도 모르겠어요. 그녀는 첫사랑을 전쟁 중에 잃었고 영국 귀족과 결혼한 적이 있어요. 그래서 그녀를 레이디 애슐리라고 부르기도 하는군요. 그 여자가 결혼했던 영국 백작은 밤에 총을 옆에 두고 바닥에서 잤다고 하는군요.

엄청난 부자라고 알려진 그녀의 현재 약혼자 마이클은 알코올 중독자이고 파산 상태에 있어요. 그런데 제이크는 그녀를 어떻게 알게 되었나요? 그녀는 그가 부상을 입고 입원하고 있던 병원의 간호사였어요.

자, 독자는 끝까지 브렛에 관해서는 이런 단편적인 지식만 알 수 있습니다. 제이크와 나누는 대화를 통해서, 제이크를 향해 그녀가 느끼는 고통, 감정, 느낌, 생각들을 통해서, 독자 스스로 그녀에 관해 알아가게 될 것이에요. 그래서 그녀가 어떤 인물인지는 독자의 판단에 달려 있기도 해요.

브렛은 늘 아름답고 쾌활한 모습으로 여러 남자들과 함께 등장합니다. 댄스홀과 술집에서 남자들과 어울리고, 연애도 하는군요. 자기에게 반한 로버트와 휴가를 다녀오기도 하는군요. 그러나 이것이 그녀의 모습 전부를 보여주지는 못해요. 그녀의 또 다른 모습은 제이크를 사랑하지만 그의 부상으로 인해 갈등하고 고민하는 모습입니다. 이는 그녀와 제이크가 단둘이 있을 때 그들이 나누는 대화를 통해서 드러납니다. 자, 보세요.

제이크와 브렛이 처음 독자 앞에 등장하는 것은 파리의 밤풍경 속에서예요. 카페와 술집으로, 댄스홀이나 레스토랑으로 사람들은 몰려다니고 그 속에서 두 사람은 우연히 만나고 헤어지고 다시 만나는군요.

먼저 이 도시의 특징을 눈여겨보세요. 도시는 황량한 느낌을

줍니다. 이따금씩 가로수의 잎사귀들과 센 강이 묘사되기도 하지만 전체적인 분위기는 스산해 보입니다. 엘리엇이 황무지라고 불렀던가요? 이 도시에서는 아기들 웃는 소리, 우는 소리도 들리지 않아요. 노인들도 보이지 않아요. 밤이면 떠도는 정체불명의 젊은이들뿐이에요. 제이크의 불구성과 황량한 밤과 그 속을 배회하는 인물들의 모습이 일치하는 듯합니다.

이런 불모의 도시 속에서 제이크의 불구성이 어떻게 암시되는지 봅시다. 제이크는 하루 일과를 끝내고 무료함을 잊으려 거리에서 만난 창녀와 식사를 하고 와인을 마십니다. 지루하게 그들이 주고받는 말 속에서 제이크의 부상이 암시돼요. 키스를 피하는 그에게, 어디 아파요? 나도 아파요, 하면서 당신 문제가 뭐냐고 창녀가 묻자 그는 전쟁에서 부상당했다고 막연하게 답하는군요.

이렇게 스쳐가는 여자와의 대수롭지 않은 듯한 대화를 통해 작가는 소설의 핵심을 전합니다. 그래요. 모두들 전쟁에서 부상당하고 아프군요. 앞에서 헤밍웨이의 기법, '빙산의 일각' 원칙에 관해 말했지요? 앞으로 이런 기법은 계속될 것입니다. 하여간에 독자는 이때 제이크가 부상당했다는 것을 처음 알게 되지만 부상의 내용은 밝혀지지 않아요. 그러나 곧 브렛이 등장하면서, 브렛과의 대화, 브렛에 대한 그의 태도 등을 통해 그의 부상이 성기능 장애와 상관있다는 것을 짐작하게 됩니다. 스쳐

가는 등장인물들도 전쟁에서 내적 · 외적 상처를 입었다는 것도 알게 됩니다. 도시를 뒤덮고 있는 나른하고 막막한 기류는 여기서 나오는 것이지요.

독자 앞에 처음으로 브렛이 어떤 모습으로 누구와 어울려 나타나는지 제이크의 눈을 통해 보세요.

■ ■ ■ 매우 더웠다. 무더운 밤 속에서 아코디언 음악은 듣기 좋았다. 나는 술집 입구에 서서 길에서 불어오는 시원한 바람을 맞으며 맥주를 마셨다. 택시 두 대가 가파른 길을 내려오고 있었다. 그들은 모두 술집 앞에서 멈추었다. 한 무리의 젊은 남자들이 택시에서 내렸다. 어떤 이들은 울저지 스웨터를, 어떤 이들은 와이셔츠를 입고 있었다. 문에서 흘러나오는 불빛에 비친 그들의 손과 방금 감은 곱슬거리는 머리가 눈에 들어왔다. 입구에 서 있는 경찰이 나를 보고 미소 지었다. 그들은 안으로 들어갔다. 그들이 들어갈 때 불빛 아래서 나는 그들의 흰 손과 곱슬거리는 머리를 보았다. 흰 얼굴을 찡그리기도 하고 손짓 발짓을 하며 떠드는 것도 보았다. 그들과 함께 브렛이 있었다. 그녀는 매우 사랑스러웠고 그들과 아주 잘 어울렸다. (20)

여기서 젊은이들의 흰 손, 곱슬거리는 머리, 흰 얼굴에 대한 묘사가 반복되는군요. 뭐랄까요, 이들의 불분명한 젠더를 보여주는군요. 기존의 성정체성이 흔들리는 것을 암시하는 것이지요.

브렛을 보세요. 젊은 남자들과 왁자지껄 떠들며 택시에서 내리는 브렛이 제이크의 눈에 매우 사랑스럽게 묘사되는군요. 울 저지 옷을 입은 그녀의 몸의 굴곡은 요트의 선체처럼 뚜렷하군요. 소년처럼 짧은 머리를 뒤로 빗어 넘겼군요.

브렛이 등장하면서 제이크의 감정이 어떻게 변하는지 보세요. 독자들은 이날 두 사람의 대화를 통해 제이크의 상처와 그의 고통에 대해, 그와 브렛의 관계에 대해 처음으로 알게 됩니다. 작가의 건조한 문장들을 읽어 내려가면서 말이지요.

브렛이 정체불명의 젊은이들과 들어오는 것을 보고 제이크는 기분이 상합니다. 지금까지 담담하게 술을 마시던 모습과는 달라요. 그러나 그는 자신의 상황 때문에 브렛을 간섭할 수 없군요. 대신 그는 젊은이들의 쿨한 모습에 화가 치밀어 그들을 쥐어박고 싶어요. 그는 기분이 엉망인 채 근처 술집으로 가서 술을 마신 뒤 다시 돌아와 브렛과 간단한 인사를 나눕니다. "브렛, 재미있는 자들과 왔군." "멋지지? 함께 온 여자는 어디서 만났어?" "나폴리탱에서." "그래, 즐거운 저녁을 보냈겠지?" "아, 물론."

그러나 이들의 가벼운 대화는 두 사람이 택시를 탄 후에는 달라지는군요. 그들의 대화 속에 사랑이라는 단어가 등장하는 것을 주목하세요. 제이크는 브렛을 포옹하고 키스합니다. 브렛이 그를 밀어내며 몸을 움츠리고 구석으로 앉아요. 그들이 낮게 주고받는 대화를 통해 우리는 두 사람의 고뇌를 알게 됩니다.

■ ■ ■ 브렛의 얼굴은 하얬고 그녀의 긴 목선이 흔들리는 환한 불빛 속에 드러났다. 다시 거리는 어두워졌고 나는 그녀에게 키스했다. 우리들의 입술은 단단하게 합쳐졌다, 그런 뒤 그녀는 몸을 돌려 할 수 있는 한 나에게서 멀찍이 떨어져서 좌석 모퉁이에 기대앉았다. 그녀는 고개를 숙이고 있었다.

"날 만지지 마." 그녀가 말했다. "제발 손대지 마."

"왜 그래?"

"견딜 수가 없어."

"아, 브렛!"

"안 돼, 알면서 그래. 난 견딜 수 없어. 단지 그뿐이야. 아, 제발 이해해줘!"

"날 사랑하지 않아?"

"사랑하지 않냐구? 난 당신이 날 만지기만 해도 온통 몸이 녹아버리는 거 같아."

"우리 어떻게 해볼 수는 없을까?"

그녀는 이제 똑바로 앉았다. 내 팔은 그녀를 안고 있었고 그녀는 나에게 기대고 있었고 우리는 아주 조용했다. (…)

"우리가 할 수 있는 일은 없어." 내가 말했다.

"모르겠어. 난 그 지옥을 다시 겪기는 싫어." 그녀가 말했다.

"우리 서로 만나지 않는 게 좋겠어."

"하지만 난 당신을 봐야 해. 그게 전부가 아니거든."

"그렇지. 하지만 언제나 그렇게 돼버리니까."

"내 잘못이야. 그래도 우리가 하는 일에 대해 대가를 치르고 있는 거 아니야?"

그녀는 계속 내 눈 속을 들여다보고 있었다. 그녀의 두 눈은 다양한 깊이를 가지고 있었지만 때로는 완벽하게 깊이가 없었다. 지금은 눈 깊숙이까지 들여다볼 수 있었다. (…)

"게다가 나에게 일어난 일은 웃기는 일이지. 난 그것에 대해 절대 생각하지 않아." 내가 말했다.

"아, 그렇지. 생각하지 않겠지."

"그 얘기, 그만하자."

"나도 한번은 그것을 생각하며 웃은 적이 있어." 그녀는 나를 쳐다보고 있지 않았다. "우리 오빠 친구가 그렇게 되어서 몬스(영국군과 독일군의 전투가 벌어졌던 벨기에의 도시)에서 돌아왔거든. 정말로 웃기는 농담 같았어. 사람들은 아무것도 몰라. 안 그래?"

"모르지. 아무도 아무것도 모르지." 내가 말했다.

나는 그 문제에 관해서는 상당히 체념한 상태였다. 때때로 나는 이 문제를 여러 각도에서 생각해봤을 것이다. 어떤 부상이나 불구들은

당한 사람에게는 상당히 심각한 일이지만 농담거리가 될 수도 있다는 생각이었다. (26–27)

보셨지요? 이렇게 두 사람의 대화 속에서도 제이크의 부상에 대한 명백한 설명은 없어요. 그것은 회피되거나 농담처럼 언급돼요. 다른 사람들도 제이크의 부상을 몰라요. 그러나 두 사람은 제이크에 관한 진실을 공유해요. 그것은 집요하게 그들의 의식을 지배해요. 우리는 이제 때로는 농담처럼 때로는 고통스럽게 주고받는 두 사람의 대화와 행동들이 이 진실, 제이크의 부상을 감당하기 위한 안간힘이라는 것을 알게 됩니다.

이는 한밤중 혼자 숙소로 돌아온 제이크의 모습을 통해 확인돼요. 그는 브렛과 술집을 옮겨 다니며 술을 마신 뒤, 숙소로 돌아와 자신의 현실과 마주합니다. 이때의 제이크를 보세요. 이 소설에서 몇 개 안 되는 제이크의 내면을 보여주는 부분이므로 정독하기 바랍니다.

얼핏 보면 그는 반복되는 일상적인 하루를 담담하게 마무리하는 듯해요. 편지 온 것들을 하나하나 확인하고 신문을 읽어요. 멍하게 있는 순간을 두려워하는 듯도 해요. 그러나 밤이 깊어지면서 평온해 보이던 제이크는 달라져요. 그는 자신의 부상과 마주해요. 그의 태도를 잘 보세요. 이때에도 뚜렷한 감정 변화는 보이지 않아요. 그의 부상이 어떤 것인지도 명확하지 않아요. 계속 '그것'이라고 언급될 뿐이에요.

이는 그만큼 그 상처를 정면으로 보기가 힘들다는 표시이기도 해요. 그는 그것이 기막히기도 하고 농담 같기도 해요. 자신 앞에 떨어진 이 뜻밖의 상실을 어떻게 감당해야 할지 난감해요. 그러다가 브렛이 생각나자 갑자기 울음을 터뜨려요. 대낮에 그가 보여준 무심한 듯한 태도 아래 이런 고통이 있었던 것이지요. 울음을 터뜨리는 이 순간에도 강렬한 단어는 없어요. 그러나 이 장면을 읽는 독자에게는 전쟁이 가한 충격 앞에서 그가 느끼는 막막함이 깊고 무겁게 느껴져요. 보세요.

■ ■ ■ 옷을 벗으며 나는 침대 옆에 있는 큰 옷장 거울에 비친 나 자신을 보았다. (…) 하고 많은 곳 중에서 하필 그곳에 부상을 입다니. 묘한 일이었다. 나는 파자마를 입고 침대 속으로 들어갔다. (…)

머리가 작동하기 시작했다. 오래된 불행한 생각들. 그래, 이탈리아 전선 같은 곳에서 부상을 당하고 후송되는 것은 고약한 노릇이었다. (…) 그곳으로 연락장교 대령이 나를 방문했었다. 우스운 일이었다. 처음으로 우스꽝스러웠다. 나는 온몸을 붕대로 감고 있었다. 그러나 그들은 벌써 그것에 대해 그에게 말했던 거다. 그러자 그는 그 멋진 연설을 했다. "당신은 외국인, 영국인(외국인은 누구나 그에게는 영국인이었다)으로서 생명 이상의 것을 바쳤소." (…) 그는 절대 웃지 않았다. 그는 내 입장에서 생각하고 있었던 것이다.

나는 그것을 한 번도 깨닫지 못했던 것 같다. 나는 그것을 대수롭지 않게 여기며, 다른 사람들을 불편하게 만들지 않으려고 한다. 영국으로 후송되어 우연히 브렛을 만나지 않았다면 아무 문제도 없었을 것이다. 그녀는 자기가 갖지 못할 것만을 원하는가 보다. (…)

나는 잠을 이루지 못하고 누워서 계속 생각했다. 그 생각에서 도망칠 수가 없어서 브렛에 대해 생각하기 시작했고 그러자 다른 생각들은 모두 사라졌다. (…) 그러다가 갑자기 나는 울음을 터뜨렸다. (30–31)

그날 밤이 어떻게 마무리되는지 보세요. 브렛은 제이크가 떠난 뒤에도 그녀를 좋아하는 백작과 계속 어울려 술을 마셨군요. 제이크가 보고 싶어 한밤중 그의 숙소에 혼자 들렀다가 다시 나가는군요. 제이크는 창가에 서서 바라보는군요. 어떠세요? 긴장감 넘치는 사건들에 익숙한 독자라면 이런 식의 묘사가 지루하지요? 그러나 제이크의 내면은 늘 이렇게 음향효과도 없이, 마치 무대 위의 조명이 하나씩 꺼지는 것처럼 묘사될 거예요. 좀 더 보세요.

몸을 떨며 나간 브렛이 가로등 옆에 서 있는 리무진 안으로 들어가고 차가 움직이는군요. 창가에서 돌아선 제이크는 술잔에 남은 술을 싱크대에 붓고 부엌 가스불을 끄네요. 침대에 앉아 슬리퍼를 벗고 침대 안으로 들어가는군요. 그러면서 다시 울음을 터뜨리려고 하다가 리무진 안으로 들어간 브렛의 모습을 떠올려요. 지옥처럼 느껴요. 이때 그의 내면을 지나가는 이 생각을 보세요. "낮 동안에는 모든 것에 대해 냉정하기란 대단히 쉽다. 그러나 밤이면 얘기가 다르다." 우리 눈이 오래 여기 머무는군요.

지금까지 우리는 브렛을 만나고 난 뒤에 고민하는 제이크의 내면을 보았어요. 그러나 브렛에게는 그런 자기 대면의 순간은 주어지지 않아요. 그 여자의 내적 고통은 제이크에게 하는 말을 통해서, 그와의 대화를 통해 나타날 뿐입니다. 의문이 드는군요. 왜 작가는 그녀에게는 성찰의 순간을 제공하지 않는지, 그녀만의 목소리는 왜 들리지 않는지. 그러나 앞에서도 언급했듯이 제이크의 의식과 행동을 지배하는 것은 브렛입니다.

이는 프랜시스의 경우와는 반대지요. 프랜시스는 사회적 야망을 가졌고 개인적인 감정과 목적을 구별하는 여성으로 묘사돼요. 무엇보다 그녀는 뚜렷한 자기 목소리를 내지만, 그래서 신여성인 듯하지만, 그녀의 야망은 여전히 남성과 젊음에 의존하고 있어요.

브렛의 경우는 어떤가요? 그녀도 시대가 만들어낸 새로운 여성인가요? 짧은 커트머리를 한 그녀는 남자들과 스스럼없이 즐기는 모습이에요. 로버트는 첫눈에 그녀에게 반하고 남성답고 돈 있는 백작은 그녀에게 어디든지 함께 가자고 하는군요.

그녀는 또한 야전병원의 간호사였어요. 1차 대전으로 여성들이 사회 진출을 하게 된 것, 아시지요? 남성들이 전쟁에 참여하여 부족해진 노동력을 여성들이 채우기 시작한 것이지요. 이런 맥락에서 브렛 또한 신여성의 면모를 가지고 있어요. 그러나 그녀에게는 사회적 야심도, 소유와 성취에 대한 욕망도 보이지 않아요. 무엇보다 그녀는 프랜시스와 달리 제이크에 대한 사랑으로 갈등하고 있어요.

하여간에 이 소설에서 프랜시스와 브렛, 두 여성 인물은 전후, 전통과 현대의 과도기에 막 등장하기 시작하는 새로운 여성들의 면모를 보여주는군요. 이들의 특징에 따라 남성들이 보여주는 반응도 흥미롭고요.

자, 독자의 이해를 돕기 위해 다시 한 번 제이크와 브렛의 관계를 확인합시다. 브렛과 백작은 한밤중에 제이크의 하숙에 나타납니다. 백작은 아름다운 꽃다발을 한 아름 안고 있군요. 우리는 이제 압니다. 브렛은 제이크가 보고 싶을 때마다 이렇게 백작과 함께 오는 것이지요. 술잔이 오간 뒤 백작은 샴페인을 사러 밖으로 나갑니다. 둘이 남은 브렛과 제이크의 대화를 들어보세요. 그들의 대화는 한결 같이 출구 없이 맴도는군요. 우리는 서로 사랑한다, 그러나 함께 있을 수 없다, 고 하는군요.

■ ■ ■ "우리 함께 살 수 없을까, 브렛? 그냥 같이 살면 안 될까?"

"안 된다고 생각해. 난 사람들과 쏘다니면서 당신을 힘들게 할 거야. 당신은 그걸 견딜 수 없을 거고."

(…)

"우리 잠깐 동안 시골에 가 있을 수 없을까?"

"소용없어. 당신이 원한다면 가겠어. 그러나 난 시골에서 조용하게 살 수 없어. 내가 진정으로 사랑하는 사람하고는 아니야."

"알고 있어."

"끔찍하지 않아? 내가 당신을 사랑한다고 말해봤자 소용없지."

"내가 당신을 사랑하는 것도, 당신, 알잖아." (55)

이런 대화를 들으면서 우리는 브렛이 내일 산세바스티안으로 떠난다는 것을 알게 됩니다. 그녀 자신을 위해서, 제이크를 위해서 떠나겠다고 하는군요. 백작이 샴페인 상자를 들고 들어오고 세 사람은 다시 마시는군요. 제이크와 브렛의 관계를 모르는 백작은 두 사람이 잘 어울리니 결혼하라고 합니다. 제이크와 브렛의 대답을 보세요.

■ ■ ■ "당신들, 좋은 사람들이오." 그가 말했다. 그는 다시 시가를 피우고 있었다. "왜 당신들 두 사람, 결혼하지 않소?"

"우리는 각자의 삶을 살고 싶거든요." 내가 말했다.

"우리는 우리의 커리어가 있거든요." 브렛이 말했다. (62)

어떠세요? 조금 전 둘이서 주고 받은 말과 백작에게 하는 말을 보세요. 이렇게 그들은 세상을 향해서는 자신들의 진실을 감추어야 하는군요. 두 사람의 고통이 전해지나요? 제이크는 악몽처럼 그들이 거쳐갔던 일들이 되풀이되는 것을 느낍니다.

제3강

지금까지 우리는 전후 세대의 혼돈과 무기력이 제이크의 성적 불구로 암시된 것을 보았어요. 제이크와 브렛의 고통스러운 관계가 여기서 비롯되는 것도 알았어요.

그러나 이들의 출구 없는 듯한 관계가 언제까지 계속될 수는 없겠지요. 작가는 새로운 변수를 제공합니다. 그렇지요, 로버트가 개입해요. 그는 브렛에게 반합니다. 술집에서 브렛을 처음 본 순간, 그녀에게서 눈을 떼지 못해요. 신대륙에 도착한 사람이 약속의 땅을 보았을 때처럼 말이지요. 그는 제이크의 불구에 대해서도, 제이크와 브렛의 관계도 물론 모릅니다.

로버트의 개입은 지금까지 체바퀴 돌 듯하던 제이크와 브렛의 관계에 어떤 변화를 가져올까요? 그의 등장은 제이크의 심리 상태를 교란시켜요. 앞에서 보았듯이 그때까지 제이크는 연애소설을 읽고 남태평양에 가서 모험을 하며 멋진 삶을 살고 싶어 하는 로버트를 미숙하다고 생각했어요. 전쟁을 겪은 그 자신은 로버트에게 환상에서 벗어나라고 충고도 하면서 그에 대해 우월한 태도를 가지고 있었지요. 그러나 이제 제이크의 태도가 변해요. 먼저 로버트와 제이크의 대화를 들어봅시다. 브렛에게 반한 로버트가 질문할 때 제이크는 짧고 건조하게 대답하는군요.

■ ■ ■ "제이크, 레이디 브렛 애슐리에 대해 뭘 알고 있어요?"

"그녀 이름은 레이디 애슐리. 브렛은 처녀적 이름이고. 좋은 여자요. (…) 그녀는 마이크 캠벨과 결혼할 거요. 그는 지금 스코틀랜드에 있소. 왜 묻소?"

(…)

"브렛에게는 설명할 수 없는 고귀한 특징이 있어요. 그녀의 출신이 그렇겠지요. 난 그녀와 사랑에 빠졌어요."

"그 여자는 술꾼이요. 그녀는 마이크와 사랑하는 사이고 그와 결혼할 거요. 그는 어마어마한 부자가 될 거요." (38)

그날 로버트가 브렛에 관해 알게 된 것은 우리도 이미 알고 있는 것들이지요. 브렛은 전쟁 중 제이크가 입원했던 병원의 간호사였어요. 그녀가 정말 사랑했던 사람은 죽었어요. 이날 제이크는 브렛에 대한 로버트의 감정이 유치하지만 진지한 것을 확인하는군요. 그의 감정은 복잡해집니다.

좀 더 보세요. 그는 로버트가 브렛과 사랑에 빠졌다고 말할 때까지는 로버트를 명확하게 보지 못했다고 하는군요. 그냥 테니스를 잘 치고 카드놀이도 잘하고 폴로셔츠를 입고 소년처럼 유쾌한, 별 특징 없는 인물로 생각했군요. 그러면서 로버트가 외적으로는 프린스턴에 의해 형성되었지만 내적으로는 두 여자, 이혼한 아내와 현재의 애인 프랜시스에 의해 형성되었다고 다시 강조하는군요. 또 로버트가 첫 번째 소설과 달리 두 번째 소설이 잘되지 않아 의기소침하다고 하는군요. 프랜시스와의 관계도 악화되었다고 하고요. 어쨌거나 브렛을 사랑하게 됐다는 로버트에 대한 제이크의 감정은 매우 복잡해집니다. 후에 스페인까지 따라온 로버트를 보면서 그의 감정은 질투와 증오로 변할 것이에요. 그러나 그는 이 감정을 겉으로 드러낼 수 없어요. 단지 그는 스페인에서 일행에게 유태인이라는 이유로 왕따를 당하는 로버트를 보면서 쾌감을 느끼고 그런 자신에게 혐오감을 느껴요. 그렇군요. 이 소설이 로버트 콘의 이야기로 시작된 이유를 알 것 같지 않나요? 그는 앞으로 제이크와 브렛에게 일어나는 일들을 이해하는 데 결정적인 역할을 할 것이에요.

이런 상태에서 제이크는 스페인 여행을 준비합니다. 그동안 브렛은 휴가를 떠나 산세바스티안에서 엽서를 보내왔고 로버트도 조용한 곳에 한동안 가 있겠다며 그에게 엽서를 보내와요. 제이크는 그 두 사람이 함께 휴가를 보내고 있는 것을 아직 모르고 있어요. 나중에 브렛이 그에게 말해줄 때까지 말이죠.

그가 브렛을 만난 밤들이 생각나지요? 브렛은 제이크 자신의 상처를 상기시키고, 그의 일상을 교란시키지요. 이제 잠깐 동안의 브렛의 부재로 제이크는 자신의 상처를 대면하지 않아도 됩니다.

제이크는 모처럼 평온한 일상을 즐겨요. 그가 하루를 시작하는 모습을 볼까요? 경쾌하고 맑은 정신으로 신문사로 출근하는 그에게서 한밤중 울음을 터뜨리는 모습을 상상할 수 없군요. 청명한 아침 뤽상부르 공원에는 마로니에 나무들이 무성하고 그는 카페에 앉아 커피를 마시며 조간 신문을 읽는군요. 전차들, 출근하는 사람들, 소르본으로 등교하는 학생들로 도시는 활기찹니다. 그는 버스를 타기도 하고 걷기도 하면서 사무실로 가요. 타이프라이터 앞에 앉아 아침나절 일에 몰두합니다.

제이크가 일에 몰두함으로써 자신의 상처를 잊을 수 있다면, 그가 일을 해서 버는 돈은 그의 사회적 독립을 가능하게 해요. 다시 말해 전쟁으로 그의 성적 주체성은 상처받았지만 그의 사회적 · 경제적 주체성은 살아 있어요. 이는 브렛과의 관계에서도 나타나요. 또 친구들과 술 한잔하는 모습, 경비원에게, 웨이터들에게, 잠깐 만나 술을 마신 창녀에게도 넉넉한 팁을 주는 그의 모습으로 나타나요.

그러나 브렛과의 관계에서 돈이 끝까지 그의 주도적인 입장을 유지시키지는 못해요. 소설의 끝에 그의 도움을 청하는 브렛을 찾아 호텔로 갔을 때, 그녀의 숙박비는 이미 지불되어 있어요. 누가 돈을 냈는가는 중요하지 않아요. 중요한 것은 둘의 관계가 이전 같지는 않을 것이라는 암시입니다.

자, 제이크가 낮에 일에 몰두하는 동안은, 브렛을 만나지 않는 동안은, 자신의 상처를 잊을 수 있어요. 그의 삶은 질서 있고 평온합니다. 그러나 그는 브렛을 만나야 하고 자신의 상처를 마주해야 합니다. 그러므로 그의 문제는 이런 진퇴양난 속에서 자신의 불구 상태를 어떻게 감당할 것인지입니다. 그것이 그와 브렛과의 관계를 변화시킬 수도 있을 것이기 때문이지요.

제이크의 규칙적인 일상은 오래가지 못해요. 브렛과 그녀의 약혼자 마이클이 등장합니다. 우리 앞에 처음 나타난 마이클은 코가 깨진 채 제이크를 보며 반색을 하는군요. 브렛은 그를 술주정뱅이라고 소개하며 파산했다고 하는군요. 마이클은 브렛을 멋진 여자라고 반복해 말하며 그녀에게서 눈을 떼지 못하는군요. 이런 두 사람을 바라보는 제이크의 감정에 대해 작가는 아무 말도 하지 않아요. 제이크가 어떻게 느낄 것인지 생각하는 것은 독자의 몫이에요.

그래요. 한동안 제이크의 평화가 가능했던 것은 무엇보다 브렛과 로버트가 함께 휴가를 보냈다는 사실을 몰랐기 때문이었어요. 그러니까 그의 평화는 진실 또는 사실에 대한 무지에서 온 것이지요. 스페인 여행을 준비하고 있는 제이크에게 브렛이 로버트와 함께 휴가를 보냈다고 말하는 장면을 보세요. 이때의 제이크의 반응도 보세요.

■■■ 브렛은 나를 보았다. 그리고 말했다. "저 로버트 코헨이 이 여행을 가?"

"그래. 왜?"

"그에게 좀 힘들 거라는 생각 안 해?"

"왜 그래야 하지?"

"내가 산세바스티안에 누구랑 갔었다고 생각해?"

"축하해."

우리는 계속 걸었다.

"그렇게 말하는 이유가 뭐야?"

"모르겠어. 내가 뭐라고 했으면 좋겠어?"

우리는 계속 걸어가 모퉁이를 돌았다.

(…)

"당신 정말 몰랐어?"

> "몰랐어. 그 생각을 안 했었나 봐."
>
> "그에게 너무 힘들 거라 생각 안 해?"
>
> (…)
>
> "당신도 여행 간다고 그에게 말해. 그는 언제든 안 올 수 있으니까."
>
> "그에게 편지를 쓸게. 그가 여행을 취소할 기회를 줘야지." (83–84)

보세요. 두 사람의 대화에서 제이크의 대답은 짤막해요. 대답이 길어지는 경우는 자신의 감정이 아니라 용건을 말할 때예요. 그래요. 이 소설의 전체적인 특징이기는 하지만, 특히 제이크의 브렛에 관한 감정을 다룰 때에는 문장들이 더 단순하고 건조합니다. 그것은 제이크의 자기방어, 즉 자신의 감정으로부터 자신을 차단하고 보호하는 방식이기도 합니다. 반복하건대 제이크가 느낄지도 모르는 감정들에 대해 생각하고 상상하는 것은 독자들의 몫입니다. 이런 방식으로 소설 읽는 것에, 여러분, 익숙하지 않지요? 그러면서도 새롭지 않나요?

자, 로버트는 여행에 동행합니다. 혼자 브렛과 사랑에 빠져서 제이크 일행과 스페인에 동행하면서 그의 역할은 더욱 중요해집니다. 로버트는 제이크와 브렛의 스토리에 전환점을 제공하니까요. 우리는 로버트에 대한 제이크의 감정이 복잡해진 것을 알고 있어요. 로버트는 스페인에 머무는 동안 일행으로부터 멸시와 차별을 당합니다. 브렛은 그를 못 본 척하고 마이클은 드러내놓고 야유하고 제이크 친구 빌은 그를 유태인이라고 차별해요. 제이크는 이 모든 상황을 즐기고, 그런 자신을 경멸해요. 이들 속에 긴장과 불협화음이 계속될 것입니다.

그런데 말이지요, 여기까지 소설을 읽다 보면 브렛은 그녀에 관한 정보만으로는 설명될 수 없는 모습을 가지고 있어요. 우리는 그녀의 다른 두 모습을 보았어요. 아름답고 매력적인 그녀는 파리의 술집을 중심으로 남자들과 어울리며 즐기는 듯해요. 인습적인 성으로부터 해방된 듯도 해요. 그녀의 또 하나의 모습은 제이크와 둘이 있을 때입니다. 택시 안에서 제이크와 떨어져 앉아 고통스러워하는 모습, 늦은 밤 술 취해 제이크가 보고 싶어 그의 숙소에 들렀다가 다시 나가는 모습. 남자들과 웃고 떠들 때의 그녀의 경쾌함과 제이크와 함께 있을 때의 그녀의 슬픔이 독자에게 전달되는지요? 그녀에게서 방종하다는 느낌 대신 헤맨다는 느낌이 더 진하게 오는지요? 브렛은 처음 등장할 때부터 끝날 때까지 주인공이에요. 제이크의 이야기는 브렛의 이야기이기도 하니까요. 자, 이런 두 사람의 관계가 스페인에서 어떤 전환점을 맞게 되는지요?

The Sun
Also Rises

제4강

지금까지 우리는 황량한 도시를 헤매는 인물들을 보았어요. 전쟁의 후유증을 앓고 있는 사람들이지요. 제이크와 브렛의 관계는 이들 전후 세대의 불모적 삶을 상징적으로 보여주는 것이지요. 1부가 끝났어요. '아니 이렇게 끝난 거야?' 여러분의 그런 반응은 여전히 무엇을 읽었는지 모르겠고, 인물들에 관해 손에 잡히는 게 없다는 뜻이기도 해요.

당연합니다. 지금까지 뭐, 뚜렷한 사건이 없었으니까요. 장소는 파리. 화자 제이크는 미국인 신문기자이고, 전쟁에서 부상을 입고 성불구가 된 것으로 암시되고 있어요. 그래서 그와 브렛은 사랑할 수 없어요. 브렛은 자기를 방기하듯 남자들과 어울려요. 아니, 이 한심한 이야기를 왜 따라가야 해? 이게 전쟁

후유증이라고? 세상의 혼돈을 나타내는 거라고?

그래요. 제대로 읽은 거예요. 우리가 만난 인물들은 전쟁의 후유증을 극대화시켜요. 그러니까 이 책은 전후 길에서 헤매는 사람들, 그리고 그들이 그 상황에서 허우적거리며 무엇인가를 찾는 것에 대한 이야기예요.

1부에서 인물들이 정처없이 떠도는 양상을 보여주었다면, 2부에서는 스페인으로 이동한 이들이 어떤 행동을 하고 어떤 사람들을 만나는지 보여줍니다. 그리고 이를 통해 작가가 전달하려는 메시지가 표면으로 부상하기 시작합니다.

봅시다. 인물들과 함께 우리도 스페인 농촌으로 갑니다. 그곳은 파리가 대변하는 산업화되고 합리성과 기술문명이 지배하는 곳이 아니에요. 여전히 공동체의식이 강하고 종교가 인간 삶의 중심에 살아 있는 곳으로 그려지고 있어요.

여기서 잠깐 스페인으로 가는 기차를 탄 미국 관광객들을 살펴볼까요? 이 장면은 1920년대의 미국 사회의 일면을 보여주고 동시에 전후 달러 강세에 힘입어 미국 관광객들이 유럽으로 몰려오는 현상을 보여줍니다.

제이크는 미국에서 온 친구 빌과 함께 다른 일행들보다 먼저 기차를 타고 가는 중이군요. 빌은 소설을 써서 돈도 벌었고 앞으로도 많이 벌 것이라고 하는군요. 그는 매사에 공정한 인물로 묘사돼요. 브렛과 마이클, 로버트가 동행하는 스페인 여행에서 그의 존재는 제이크에게 심리적인 안정을 제공하는 듯도 해요. 그는 제이크에게 다른 사람들이 하기 어려운 진심 어린 비판도 해요.

그러나 우리는 알게 될 것입니다. 합리적으로 보이는 빌조차 인종의식에서 자유롭지 못해요. 그 역시 로버트가 신경에 거슬릴 때마다 그가 유태인임을 상기시켜요. 물론 로버트는 브렛에게도, 마이크에게도, 제이크에게도 다 불편한 존재예요. 그래서 그를 향해 인물들이 혐오감을 드러내는데, 빌도 예외가 아니에요. 이런 상황은 로버트로 하여금 결정적인 순간에 모욕을 견디지 못하고 폭발하게 만들어요. 이 부분은 다시 거론될 것이에요.

자, 다시 열차 안으로 돌아오지요. 제이크와 빌이 미국인 관광객들과 인사를 나누는군요. 그래요. 이렇게 많은 미국인들이 단체로 유럽으로 몰려오는군요. 열차의 식당 칸은 오후 네 시까지 이들의 점심 예약으로 차 있어요. 우리는 이들을 통해 보수화되는 미국 사회의 단면을 확인해요. 그들은 당시의 금주법과 KKK단에 대해서도 언급해요.

보세요. 1919년에서 1933년까지 미국에서 실행된 금주법은 표면적으로는 1920년대의 분방한 사회 분위기에 위협을 느낀 보수 기득권자들이 알코올중독과 범죄 예방을 위해 만든 것이라고 해요. 기독교 근본주의도 작용했고요. 하지만 실제로는 양조업으로 부를 쌓고 있던 미국 내 독일 이민들을 견제하기 위한 것이라고 합니다. 이 법은 시카고 마피아 알 카포네를 중심으로 주류 밀거래, 무허가 술집들, 조직 폭력과 범죄를 키웠고, 많은 사람들이 메틸알코올로 희생됩니다. 그리고 1933년 루즈벨트가 대통령으로 당선되면서 서민들의 환영을 받으며 미국 헌법 수정 21조에 의해 폐지됩니다. 우리가 읽은 『위대한 개츠비』에서 개츠비가 벼락부자가 된 것도 이 시대에 주류 밀거래를 통해서였지요.

KKK단은 흑인 및 흑인에게 동조하는 백인들에게 린치를 가하는 백인우월주의 단체로서 남북선생 이후 해체되지요. 그러다가 1915년 조지아 주에서 되살아나 인종적 · 종교적 · 민족적 소수 집단에 대한 차별과 폭력을 행사했어요. 이들은 이후 변혁의 시기마다, 그러니까 1920년대와 반문화운동이 치열했던 1960년대에 위세를 떨치지요. 어느 때는 흑인을, 어느 때는 외국 이민자들을 겨냥하지요. 그래요. 인종 문제는 미국 사회에서 늘 시한폭탄과 같아요.

미국 관광객들과의 대화는 무엇을 말해주나요? 그렇지요. 1920년대 기존 질서가 흔들리는 만큼 한쪽에서는 보수화되는 것을 말해주는 것이지요. 앞에서도 말했듯이 1차 대전 후 미국의 이와 같은 분위기를 피해 작가들과 예술가들이 스스로 망명객이 되어 파리에 모여들고 있었던 것이지요.

그래요. 헤밍웨이는 열차의 미국 관광객들을 스케치하듯 보여주면서 파리도 미국도 전후 서구의 혼돈을 헤쳐나갈 능력을 갖고 있지 않다고 말하는 듯해요. 제이크 일행이 향하고 있는 스페인을 대안 공간의 가능성으로 암시하기 시작하는 것이지요. 그렇다면 스페인은 제이크 일행에게 새로운 공간이 될 수 있을까요? 그것은 그들이 누구와 만나 어떤 경험을 하는가에 달려 있을 것입니다.

보세요. 작가는 무엇보다 이곳 스페인의 삶의 질이 파리의 그것과 근본적으로 다르다는 것을 보여줍니다. 파리가 불모의 공간이라면 이곳은 찬란한 생명의 율동이 살아 있고 성스러운 것과 세속적인 것이 공존하는 곳으로 묘사돼요. 신과 인간과 자연이 생명의 고리를 이루고 있어요. 전통적인 덕목이 여전히 살아 있고 사람 사이의 믿음과 배려가 있어요. 이런 배경 속에서 일행이 합류하게 될 산페르민 축제는 이곳 사람들을 합일시키는 역할을 합니다. 그 중심에 투우가 있고요.

무엇보다 눈이 시리게 쏟아지는 햇빛을 보세요. 오염되지 않은 햇빛 아래 농촌의 모습이 풍경화처럼 그려지네요. 들과 산들이 이어지고 양떼가 풀을 뜯고 있어요. 맑고 차가운 강에는 송어도 살고 있어요. 시골집 마당에는 마늘, 소시지, 햄이 널려 있어요. 옛날 우리 농촌에서 메주와 고추와 나물을 말리던 풍경을 닮았네요.

인상적인 묘사가 있어요. 일행을 태운 차가 숙소로 가는 길에 당나귀들이 자고 있어요. 운전사는 경적을 울리며 그들을 피해 길을 돌아가요. 광화문 사거리에 당나귀 두 마리가 자고 있다고 상상해보세요. 상상이 안 된다고요? 차들도 너무 많고 너무 빨리 달리고 사람들도 너무 많으니까.

그래요. 세종로에서 차를 운전하고 가던 사람이 잠자는 당나귀를 보게 될 리는 없어요. 그런 일이 있다 해도 당나귀를 깨우려고 경적을 울리거나 당나귀를 피해 돌아가기도 어려워요. 스페인 시골 사람은 당나귀를 사랑하고 광화문 사람은 그럴 여유가 없고, 그런 얘기가 아닙니다. 개인의 문제가 아니지요. 동물보호 운운 하는 얘기가 아니예요. 문제의 본질이 다른 거지요. 인도의 그 복잡한 장터에 어슬렁거리던 소들이 떠오르네요. 그래요. 문화와 풍습과 가치의 차이지요. 광화문에서 차를 몰고 질주하는 사람도 이곳 농촌에 오면 달라질까요?

제이크 일행은 이렇게 파리와는 다른 규범과 가치가 살아 있는 문화 속에 들어왔어요. 인간의 삶이 기계가 아니라 자연의 속도에 순응하는 곳이지요. 눈에 띄는 것은 마을의 커다란 성당이에요. 종교가 여전히 삶의 중요한 부분인 것이지요. 또 사람들을 보세요. 뚱뚱한 할머니, 머리에 수건을 쓴 아주머니, 무엇보다 아이들을 보세요. 왜 파리의 밤풍경이 떠오를까요? 여자들 같은 젊은 남자들, 젊은 남자처럼 올백으로 머리를 빗어 넘긴 여자들, 눈 씻고 봐도 어린아이들은 본 적이 없어요. 성당이 있고 맑은 시내가 흐르고 노인들과 어른들과 아이들이 함께 사는 이곳의 풍경을 읽어가면서 아파트 문화 세대인 여러분이 어떤 감정들을 느끼는지 들여다보세요.

이렇게 계속되는 농촌 마을의 풍경 앞에서 우리는 자연 속에서 가능했던 인간의 품격 또는 삶의 깊이에 대해 생각하게 됩니다. 제이크 일행의 파리에서의 삶이 새삼 허황해 보여요. 그들은 무엇을 잃어버리고 무엇을 찾고 있는 것일까요?

그래요. 헤밍웨이는 독자들에게 이 질문을 하고 있습니다. 그가 이 소설에서 보여주는 전후 1920년대는 기술 문명, 소비문화가 삶을 지배하기 시작한 때예요. 삶의 진정성과 개인의 주체성이 위태로워지는 시기예요. 따라서 그는 시의적절하고 본질적인 질문을 투우를 중심으로 탐색해요. 이를 위해 그는 제이크 일행이 머무는 호텔의 주인 몬토야와 젊은 투우사 로메로를 등장시켜요. 독자들이 이들과 제이크 일행을 비교 · 대조하도록 해요. 독자들은 비로소 작가가 왜 인물들을 이곳에 데리고 왔는지 알게 될 것입니다.

자, 이를 위해 먼저 제이크에 주목할 것이에요. 눈치 없이 이곳까지 따라온 로버트를 보는 그의 불편한 심사를 볼 거예요. 그런 뒤 로버트를 주목할 거예요. 유태인이라는 그의 배경, 일행들로부터 수모를 당하던 그가 주먹으로 제이크 등을 때려눕

히게 되는 과정을 따라갈 거예요. 그 사건이 전환점이 되어 일행들이 흩어지게 되는 것을 볼 거예요.

좀 더 자세히 봅시다. 로버트와 제이크와 빌, 세 사람이 먼저 도착해서 브렛과 마이클이 합류하기를 기다리는 동안 로버트를 보세요. 그는 극도로 긴장되고 흥분한 상태에 있어요. 그는 제이크가 자신과 브렛의 관계를 아는지 확인할 수 없어 불편하기 짝이 없고 한편으로는 제이크에 대해 우쭐함을 느껴요.

제이크의 감정은 어떨까요? 처음에는 그의 감정을 쉽게 알 수 없어요. 그의 감정 대신 그의 눈에 비친 농촌의 풍경들, 강렬한 햇빛과 숲과 들길, 강물 등에 대한 묘사가 카메라 눈처럼 담담하게 이어지니까요. 그는 또 성당에 들어가 기도를 하기도 하지만 간절하지는 않아요. 마음속으로는 다른 생각을 하는 것 같아요. 그는 건성으로 웅얼웅얼, 함께 온 사람들을 위해 기도하고(거기에는 로버트의 이름도 있어요) 투우사들을 위해 기도하고, 또 뭐 있나, 돈 잘 벌게 해달라고 기도하고… 그러다가 자신이 좀 부끄러워지는군요. 자신이 엉터리 신자임을 인정하면서 현재로서는 별도리가 없다고 하는군요. 다시 눈부신 햇빛 속으로 나오는군요. 그래요. 그에게 종교적 권위는 더 이상 구속력이 없어 보여요.

그러다가 우리는 곧 제이크의 속마음을 알게 돼요. 로버트에 대해 참았던 그의 감정이 확 토해내듯 나타나요. 그의 담담한 태도 아래 질투와 증오가 부글거리고 있어요. 목욕하고 머리 깎고 무스까지 바른 채 안절부절 못하는 로버트를 보며 쾌감을 느껴요. 그런 자신이 야비하게 느껴져요. 그래서 토로하는군요. 나는 이런 내 자신이 너무 싫다.

그러면서도 얼른 자기를 변호하는 것을 보세요. 로버트하고 있으면 우리 속의 제일 악질적인 요소가 드러난다면서 원인을 로버트 탓으로 돌리는군요. 무엇을 뜻하나요? 제이크는 자신을 객관적으로 보면서도 솔직하지 못해요. 외면해요. 그렇지 않으면 자신의 불구 상태를 인정해야 하니까요. 대단히 고통스러운 상태이지요. 자, 이런 그의 생각을 따라가보지요.

■ ■ ■ 왜 그를 골탕 먹이고 싶은 충동을 느끼는지 나는 모른다. (…) 물론 나는 안다. 나는 눈이 멀었고 그에게 일어난 일에 대해 도저히 용서할 수 없을 정도로 질투가 났다. 내가 그 일을 당연하게 받아들인다고 해서 내 감정이 달라지지는 않았다. 난 물론 그를 증오했다. 내가 정말로 그를 미워한 적이 있다고는 생각하지 않는다. 그가 점심 때 그 우월한 태도를 취하기 전까지는, 머리를 깎고 감고 다듬는 등의 짓을 하기 전까지는 말이다. (99)

이렇게 제이크가 마음속에서 로버트에 대한 미움을 확인할 때, 기다렸다는 듯이 빌도 로버트에 대한 혐오감을 드러냅니다. "그따위 유태인을 너 어디서 알게 된 거야? 그 아니꼬운 태도라니." 그러자 제이크는 고자질이라도 하듯 말해요. 로버트가 브렛과 함께 산세바스티안에 갔었다고 알려요.

그렇군요. 제이크의 무심한 듯한 겉모습 아래 질투와 미움이 부글거려요. 그런데 질투가 살아 있다는 것은 다른 감정도 살아 있다는 소리 아닐까요? 그는 몸은 부상당했지만 감정은 마비된 것이 아닙니다. 그러니까 로버트에 대한 제이크의 복잡한 감정은 브렛에 대한 그의 감정을 보여주는 것이지요. 브렛에게 간섭도 할 수 없는 그는 그녀에 대한 복잡한 감정을 로버트에 대한 미움으로 나타내는 것이지요. 우리의 관심은 이 복잡한 부글거림이 어떤 계기로 터지는지, 브렛과 제이크가 어떻게 로버트를 도발시키는지 주목할 거예요.

여기서 우리, 잠깐 줄거리의 진전을 멈추고 휴식을 가지려고 해요. 브렛과 마이클이 도착하기 전에 제이크와 빌은 송어낚시 여행을 가는군요. 이 여행은 제이크가 브렛으로 인한 소용돌이 속으로 휩쓸리기 전의 소강상태예요. 연극에서 1막이 끝나고 다음 막이 오르기 전의 인터미션 같다고 할까요. 또는 그가 파리를 떠나 다른 문화 속으로 들어가는 경계선 같기도 하구요. 그러나 우리는 알게 돼요. 이 경계선으로 파리와 스페인은 구분되지만 동시에 연결되어 있어요. 어제와 오늘이 구분되지만 오늘이 어제와 이어져 있는 것처럼요. 이는 제이크 일행의 행동을 통해 분명해져요.

자, 우리도 이 낚시여행이 제공하는 소강상태를 즐기기로 하지요. 제이크는 이때 잠깐 동안의 평화를 누려요. 일행이 스페인에 머무는 9장부터 18장까지의 분량에서 이 짧은 여행에 상당한 지면을 할애하는 작가의 의도를 생각하게 돼요. 담백하고 짧은 에세이 또는 단편을 읽는 것 같아요.

두 친구가 버스를 타고 가며 현지의 바스크인들과 어울려요. 몇십 년 전에 미국을 방문한 적이 있는 농부와 영어로 말하기도 해요. 산고개를 넘고 평원을 지나고 논을 지나고 숲을 지나는 과정이 이어져요. 싱그러운 자연과 푸근하고 질박한 사람들의 정감이 전해집니다.

농부들은 외지인이 마음에 들면 곧 마음을 여는 듯해요. 그들은 서로 와인을 돌리고 등을 두드리고 친근함을 표시해요. 건강하고 쾌활하군요. 무엇보다 그들은 언어가 통하지 않아도 함께 느끼고 공감하는 듯합니다. 그들의 삶에는 언어를 넘어서 교감하는 능력이 여전히 건재하다는 뜻이지요. 가령, 이런 장면들을 보세요.

■ ■ ■ 빌 옆에 앉은 사람이 그에게 스페인어로 말했고 빌이 무슨 말인지 알아듣지 못하고 와인 병을 그에게 내밀었다. 그는 거절했다. 날씨가 너무 덥고 점심에 너무 많이 마셨다는 것이다. 빌이 바스크인에

게 와인 병을 두 번째 권하자 그는 길게 한 모금 마셨다. 그런 뒤 와인 병은 버스의 그쪽 부분으로 전부 돌아갔다. 그들은 우리에게 그들의 와인 병을 내밀며 마시길 권했다. 그들은 산악지대로 올라가는 농부들이었다.

(…)

버스가 여관 앞에 멈추고 사람들이 내렸다. 빌과 나도 버스에서 내려 여관으로 들어갔다. 실내는 천장이 낮고 어둑했고 그 안에는 안장과 마구, 흰 나무로 만들어진 건초 갈퀴, 그리고 캔버스 줄로 밑창을 댄 구두들이 있었고, 천장에는 햄과 베이컨 조각들, 흰 마늘과 기다란 소시시들이 매달려 있었다.

(…)

우리 버스에 함께 탄 바스크인 두 명이 들어와서 한잔 사겠다고 고집했다. 결국 그들이 술을 샀고 그다음 우리가 샀고 그다음 그들은 우리 등을 두드렸고 다시 술을 샀다. 그런 뒤 우리들은 모두 햇빛과 열기 속으로 나가 버스 지붕 위에 올라탔다. (104–106)

어떠세요? 푸근한 이곳 사람들의 정서가 느껴지나요? 옛날식의 친밀한 인간관계도 느껴지지요?

강가에 도착한 두 사람을 보세요. 그들은 숙소를 정하고, 맑고 차가운 공기 속에서 뜨거운 럼펀치를 마시기도 합니다. 각자 강가에 자리를 잡고 정적 속에서 자기만의 방식으로 낚시에 몰두합니다. 낚시에 걸려 펄떡거리는 송어들이 눈부십니다. 그들은 준비해온 점심과 찬물에 담가뒀던 포도주를 마신 뒤 나무 그늘에서 낮잠도 잡니다.

이렇게 낚시를 준비하고 송어를 잡아 올리고 잡은 송어들을 차례로 늘어놓고…, 이런 묘사를 통해 헤밍웨이의 낚시광으로서의 면모가 유감없이 발휘됩니다. 이런 생생한 묘사를 보세요.

■ ■ ■ 내가 미끼를 드리우자 송어 한 마리가 흰 물속에서 튀어나와 폭포 속으로 뛰어들더니 물을 따라 아래로 내려갔다. 내가 미끼를 다 끼기도 전에 다른 송어가 똑같이 아름다운 포물선을 그리며 폭포로 튀어 오르더니 큰 소리를 내며 흐르는 물속으로 사라졌다. (…) 미끼를 끼우기가 무섭게 낚시를 넣자 다시 또 한 마리를 잡았고 같은 방식으로 끌어올렸다. 순식간에 나는 여섯 마리를 잡았다. 그들은 모두 비슷한 크기였다. 나는 그것들을 나란히, 머리가 같은 방향으로 오도록 늘어놓고 바라보았다. 그들은 색깔이 아름답고 찬물에 있었기 때문에 단단하고 탄력 있어 보였다. (119)

자, 이 여행 동안 우리는 특히 빌과 제이크가 주고받는 유쾌한 농담과 대화에 주목하게 됩니다. 이곳에서 빌이 제이크에게 하는 말은 파리나 뉴욕 같은 곳에서는 할 수 없는 말들이군요.

겉돌고 체면 차리는, 또는 위선적인 말이 아니라 친구에 대한 진심 어린 충고의 말들이에요. 그래요. 어느 곳에 누구와 함께 있느냐에 따라 대화도 관계도 다른 모습을 보이는군요.

무엇보다 빌의 지적을 통해 파리에 살고 있는 제이크의 상태가 어떤지 들어보세요. 신랄하고 뼈 있는 빌의 말은 현재 제이크의 삶의 실체를 보여줍니다.

■ ■ ■ "너도 작가가 되겠다고. 넌 신문쟁이일 뿐이야. 망명한 신문쟁이.

(…)

너, 네 문제가 뭔지 알아? 넌 망명객이야. 최악의 타입이지. 그런 소리 못 들었어? 자기 조국을 떠난 자는 결코 인쇄할 가치가 있는 글을 쓸 수 없다구. 신문에도 못 실려!

(…)

넌 흙과의 교감을 잃었어. 점잔이나 빼고. 가짜 유럽식 기준이 널 망가뜨린 거지. 넌 죽도록 술을 마셔. 섹스에 중독되었어. 넌 네 시간을 모두 일하는 대신 떠드는 데 낭비하고 있어., 알겠어? 카페나 돌아다니면서 말이야. (115)

어때요? 감당하기 힘든 말들이지요? 제이크에 대한 빌의 이 지적은 당시 파리에 살고 있던 미국 작가들에 대한 헤밍웨이의 비판으로도 들려요. 『움직이는 축제』에는 당시 그가 느꼈던 이런 심정이 계속 나타나요. 매일 하루가 끝날 때 정해놓은 분량의 글을 쓰지 못했으면, 그는 무서운 외로움을 느끼곤 했었지요.

여기서 빌이 말하는 망명객이란 자발적으로 미국을 떠나 유럽에서 사는 작가들을 말하는 것이지요. 제 나라를 떠나 뿌리 뽑힌 나무처럼 된 예술가를 말하는 것이지요. 그들은 유럽 사회의 핵심에는 들어갈 수 없고 변방에서 유럽 흉내나 낸다는 것이지요. 땅에 발을 딛고 있지 않으니 정신의 긴장감을 잃고 기생적인 삶을 살게 된다는 소리입니다. 빌은 정곡을 찌르는군요. 뿌리 뽑힌 디아스포라들에 관한 주제는 19세기 미국 작가로 영국에서 살았던 헨리 제임스가 소설 『여인의 초상』에서 대단히 통찰력 있게 다루고 있습니다. 우리, 읽었지요?

계속되는 빌의 말을 들어보세요. 그는 제이크의 부상에 대해서도 묻는군요.

■ ■ ■ "너, 성불구라는 소문이 있던데."

"아니야, 그냥 부상당한 거야." 내가 대답했다.

"너, 그거 확실하게 말할 필요 없어. 사람들이 모르게 그냥 놔두는 거야."

(…)

"넌 정말 좋은 놈이야. 난 세상에서 네가 제일 좋다. 뉴욕에서는 이

런 소리를 꺼내지도 못하지. 당장 호모로 찍힐 테니까." (116)

빌은 또 브렛과는 어떤 사이인지, 얼마 동안 사랑했는지, 지나가듯 묻고 제이크도 간단하게 대답합니다.

어떠세요? 어떤 것이 진정한 우정인가요? 빌은 떠도는 망명객과도 같은 제이크의 삶에 대해서는 신랄하게 비판해요. 그러나 제이크의 개인 문제에 대해서는 적절한 거리를 두면서 그를 존중해요. 그래요. 그의 충고와 비판들은 제이크의 실존적 문제와 직결되는 말들이에요.

작가는 이렇게 두 사람의 여행을 통해 제이크가 당면하고 있는 문제가 무엇인지를 그 자신에게, 그리고 독자들에게 다시 상기시키는군요. 이들은 다시 호텔로 돌아옵니다. 제이크는 본격적으로 긴장과 불협화음 속으로 들어갈 것이에요.

The Sun
Also Rises

제5강

자, 이제 산페르민 축제, 스페인의 문화적 · 종교적 축제에 대해 좀 더 살펴봅시다. 이 축제의 핵심, 투우와 투우사가 대변하는 진정성이 무엇인지도 살펴봅시다.

먼저 제이크 일행이 머무는 호텔 주인 몬토야를 보세요. 그는 투우 정신의 본질을 잘 아는, 스페인 문화의 파수꾼으로 묘사됩니다. 우리는 제이크가 투우에 대한 열정을 그와 공유함으로써 오랫동안 우정을 쌓아온 것도 알게 됩니다. 몬토야와 신뢰를 나누는 제이크의 모습과 일행 속에서 브렛으로 인해 갈등하는 제이크의 모습이 대비되고, 이는 앞으로 그가 몬토야를 배반하게 될 것을 암시합니다.

좀 더 봅시다. 투우를 향한 몬토야의 열정은 그가 스페인 문화에 대해 갖고 있는 자부심으로 나타납니다. 그것은 일종의 소명과도 같아요. 이는 그가 투우사들을 대하는 태도로 나타나요. 그의 호텔 벽에는 투숙했던 투우사들이 그에게 바친 헌사와 사진들이 가득해요. 그는 신뢰하지 않는 투우사들의 사진들을 서랍 속에 넣었다가 쓰레기통에 던져버려요. 가짜 투우사들의 사진이 주위에 굴러다니는 것을 원하지 않아요.

몬토야가 어떤 인물인지 감이 오지요? 투우사에 대한 그의 판단은 엄격하고 까다롭군요. 그렇다면 몬토야가 존경하는 투우사의 조건은 무엇인가요? 그것은 투우사의 진정성으로 묘사돼요. 이는 상업적인 계산과 기교가 들어설 틈이 없는 순수한 상태예요. 몬토야는 이 조건을 지키는 것이 어렵다는 것을 누구보다 잘 알아요. 그래서 그는 투우사에게 이 요소만 있다면 다른 인간적인 결함들은 용납해요. 진정한 투우사를 향한 몬토야의 신념은 절대적입니다.

투우사에 대한 몬토야의 이런 신념은 예술 전반에 적용되지 않을까요? 예술성 하나만을 추구하는 열정과 순수. 그래요. 담뱃갑 은박지에 아이들을 그려낸 이중섭이 생각나고 조카의 출생을 축하하며 만발한 아몬드 꽃을 그렸던 고흐가 생각나네요. 자, 앞으로 투우에 대한 몬토야의 이 신념은 젊은 투우사 로메로를 통해 구현될 것입니다.

주목할 것은 투우에 대해 절대적인 원칙을 지키는 몬토야가 제이크를 신뢰한다는 점입니다. 그가 몬토야의 엄격한 기준을 통과했다는 뜻이지요. 몬토야는 미국인 제이크가 투우에 대한 열정을 가진 것을 높이 평가해요. 아래 인용문을 정독하기 바랍니다.

■ ■ ■ '아피시온'이란 스페인어로 열정을 뜻한다. '아피시오나도'는 투우에 열정을 가진 사람을 말한다. 모든 훌륭한 투우사들은 몬토야의 호텔에 묵었다. 다시 말해 열정을 가진 투우사들은 모두 거기 머물렀다. (…) 우리는 자주 투우와 투우사들에 대해 이야기했다. 나는 지난 몇 년 동안 몬토야의 호텔에 묵었다. (…) 아피시오나도들은 호텔 방들이 다 차 있을 때조차도 언제나 방을 구할 수 있었다. 몬토야는 그들 중 몇 사람에게 나를 소개했다. 처음에는 그들은 언제나 처음에 나에게 공손했으며, 내가 미국인이라는 사실을 흥미로워했다. 그들은 웬일인지 미국인은 투우에 대한 아피시온을 가질 수 없다고 생각했다. 미국인은 아피시온을 모방하거나 흥분과 혼동할 수는 있지만 진실로 그것을 가질 수는 없다는 것이었다. 나에게 열정이 있다는 것을 알아차리게 되면, 또 그것을 끌어낼 암호나 정해진 질문들이 있는 게 아니라 오히려 표면에 절대 드러나지 않고 언제나 약간 방어적인 질문들로 된 일종의 영적인 구두시험이 있다는 것을 내가 알아차리게 되면, 그들은 언제나 똑같이 당황해하면서 어깨에 손을 얹거나 "멋진 분이야"라고 말했다. 그런데 거의 언제나 실제로 내 몸에

> 손을 댔다. 마치 그들은 확인하기 위해 손으로 만지고 싶어하는 듯 했다. (131-132)

어떠세요? 투우에 대한 스페인 사람들의 태도, 애정이 느껴지나요? 그런데 미국인들은 투우에 대한 열정을 가질 수 없다… 무엇을 뜻할까요? 투우는 삶과 죽음이 찰나적으로 교차되는 비극적인 경험을 제공해요. 미국인들이 투우에 대한 열정을 느낄 줄 모른다는 것은 그러니까 삶과 죽음에 대한 인식이 부족하다는 뜻이 아닐까요?

역사와 경험이 구대륙에 비해 부족한 미국인들의 삶에 대한 인식이 그만큼 피상적이라는 소리겠지요. 때로는 단순하고요. 하여간에 미국인들은 단지 열정을 모방하거나, 열정과 흥분 상태를 혼동한다는 의견, 흥미롭지요? 여러분은 어떤가요? 흥분 상태가 아닌 열정의 차원을 우리는 이해하나요? 어려운 일이지요. 그것은 삶과 죽음에 대한 이해의 깊이와 맞닿아 있으니까요.

열광하며 흥분하는 것과 열정을 갖는 것, 그 차이를 이해할 수 있는 능력, 이는 사물의 깊이를 통찰할 수 있는 능력이기도 해요. 헤밍웨이는 여기서 투우 얘기를 하면서 사물의 본질 또는 진실에 대한 원초적인 질문을 하는군요. 그가 투우에 평생 심취했던 것도 이 질문과 상관있겠지요. 이 부분은 앞으로 등장할 젊은 투우사 로메로를 통해서 좀 더 살펴볼 것입니다.

하여간에 우리가 주목하는 것은 제이크가 투우의 순수성에 대한 몬토야의 자부심과 이를 지키기 위한 그의 엄격한 기준을 통과했다는 것입니다. 두 사람의 우정은 이를 기반으로 가능하고요. 그렇다면 제이크가 몬토야의 신뢰를 배반하는 것이 몬토야에게, 제이크 자신에게, 어떤 의미를 갖는지 이해하게 될 것입니다.

제이크가 몬토야의 신뢰를 저버리는 계기는 이미 제이크와 그의 일행, 특히 브렛을 중심으로 한 긴장 속에 암시되어 있습니다. 그래요. 파리의 술집을 배회하던 일행, 불협화음을 안고 있던 그들이 스페인으로 이동했다고 해서 변할 수는 없겠지요. 긴장의 불씨를 안고 있는 한 말이지요.

이제 일행 사이의 갈등이 본격적으로 표면화되는 과정을 따라가봅시다. 브렛과 마이클이 도착하자 일행은 투우장에 가서 다음날 경기에 나갈 투우들과 거세된 수소들을 구경하는군요.

보세요. 경기장에 황소가 돌진해 나오는 그 장면에 거세된 수소 두 마리가 있어요. 그것들은 특별한 역할을 하는 것도 아니고 황소 주변을 그야말로 얼쩡거리지요. 그러다가 투우가 뿔로 한 마리를 들이박으니 넘어지기도 하고 또 다른 한 마리를 공격하려다가 멈추기도 하고, 왜 굳이 그 수소들이 거기 있어야 하는지 알 수 없어요.

경기장을 나온 일행은 함께 카페에서 술을 마시면서 거세된 수소들에 대해 이야기해요. 그러다가 마이크가 얼쩡거리기만 하던 거세된 수소를 로버트와 비교하며 시비를 걸어요. 로버트를 공격하기 시작해요. 아, 마이크에 대해 우리가 알고 있는 것은 알코올중독자이고 돈이 많고, 하는 일은 없고, 브렛과 결혼할 사이, 그 정도였지요. 그런데 마이크도 브렛이 로버트와 함께 휴가를 보낸 것을 알고 있어요. 브렛이 그에게 말했으니까요.

로버트를 보는 마이크의 감정이 어떨까요? 우리는 로버트에 대한 제이크의 감성이 어떤지는 알고 있어요. 이런 상황을 염두에 두고 마이크가 쏟아내는 말들을 들어보세요.

■ ■ ■ "황소가 거세된 수소를 공격하는 걸 봤소? 엄청나던 걸." 마이크가 말했다.

"거세된 수소가 되는 건 죽을 맛이지." 로버트 콘이 말했다.

"그래? 로버트, 난 당신이 거세된 수소가 되는 걸 좋아할 거라고 생각했는데."

"무슨 소리요, 마이크?"

"그것들은 아주 조용히 있지. 절대 아무 말도 안 하고 늘 주변을 얼쩡거리잖소."

(…)

"난 당신이 거세된 수소를 좋아할 줄 알았소. 당신은 한마디도 하는 적이 없잖소. 이봐요 로버트, 뭐라고 말을 좀 해요. 그냥 앉아 있지만 말고."

(…)

"그만해요, 마이크. 당신 취했어요."

"나, 취하지 않았어. 아주 멀쩡해. 로버트 말해봐요, 왜 당신은 가련한 숫송아지처럼 브렛 꽁무니를 졸졸 따라다니는 거요? (…) 당신을 원하지 않는다는 걸 몰라? 그런 당신을 보는 내 심사가 어떨 거라고 생각해?"

(…)

"브렛은 남자들과 바람을 피웠지. 그러나 유태인은 없었어. 그들은 나중에 주변을 얼쩡거리지도 않았어." (141–143)

보세요. 위험한 기류가 느껴지는군요. 심상치 않아요. 마이크는 작정하고 로버트를 공격하고, 로버트가 화를 내고, 보다 못한 브렛이 말리고, 급기야 빌이 로버트를 데리고 나가는군요.

주목하세요. 이들은 앞으로 로버트를 각자의 억제된 감정과 불안을 터뜨리는 샌드백처럼 이용할 것입니다. 겉으로는 그가 유태인이라는 이유를 대면서 말이지요.

로버트의 입장을 생각해볼까요? 그는 지금 어떤 상태에 있을까요? 일행들로부터 노골적인 멸시를 당하고, 걸핏하면 유태인이라고 모욕당하고. 그 자신이 나중에 토로했듯이, 그는 지금 지옥 같은 상황을 거쳐 가고 있어요. 그런데 왜 그는 계속 머물까요? 물론 브렛에 대한 집착 때문이지요. 그러나 그가 일행과 함께 있는 진짜 이유는 곧 뚜렷해질 거예요. 작가가 로버트만이 해낼 수 있는 역할을 그에게 맡길 거니까요. 그 역할을 수행하기 위해 작가는 지금 로버트를 훈련시키는 듯합니다. 인물들이 그를 계속 도발하는 것이지요. 그가 폭발 지점에 이르도록 말이지요. 명심합시다. 이 소설이 그에 관한 내용으로 시작되었다는 것을.

궁금해집니다. 이 모든 것을 지켜보는 제이크의 심시는 어떨까요? 물론 브렛을 사이에 두고 마이크와 로버트가 벌이는 신경전, 그 무게를 제일 무겁게 느끼는 것은 제이크지요. 마이크가 로버트를 향해 가차 없이 퍼붓는 말은 실은 제이크가 쏟아내고 싶은 말이 아닌가요? 그래서 그는 방관자처럼 앉아 있지만 마이크의 돌직구를 들으며 쾌감을 느끼지 않을까요? 그것은 제이크 자신의 것이기도 했을 테니까요.

이는 한밤중 그의 깊은 상념 속에서 분명해집니다. 깊은 밤 몽롱한 상태에서 떠오르는 생각들을 보여주는 이 부분을 정독하기 바랍니다. 긴 문장들이 횡설수설처럼 이어지다가 로버트에 대한 이런 언급이 나옵니다. "난 마이크가 콘을 골탕 먹이는 걸 보기가 좋다. 그러나 그가 그러지 않았으면 좋겠다. 왜냐하면 나중에 그 일은 내가 나 자신에 대해 혐오감을 느끼게 만드니까." 그렇군요. 그는 마이크에게 모욕당하는 콘을 보는 것이 통쾌하면서도 그렇게 느끼는 자신을 역겨워하는군요.

반복하건대 제이크의 이런 자기분열적인 상태는 물론 브렛과의 고통스러운 관계, 더 정확하게는 부상으로 인한 그의 무기력에서 오는 것이지요. 그리고 그런 상태는 계속 악화되는군요. 브렛을 따라다니는 로버트. 깊은 밤 옆방에서 들려오는 브렛과 마이크의 웃음소리. 질투와 증오에 빠지는 자신에 대한 혐오감.

그래요. 브렛으로 인한 그의 분열은 그의 실존과 직결됩니다. 그가 이 분열을 어떻게 다루는가에 그의 삶이 달려 있습니다. 중요한 것은 제이크 자신이 이 사실을 분명하게 의식하고 있다는 점이에요. "내가 알고 싶은 것은 세상 속에서 어떻게 사는가이다. 어떻게 세상을 살아갈 것인지를 알게 된다면 거기서부터 그것이 모두 무엇에 관한 것인지를 알게 될 수도 있을 것이다." 이 부분을 주목합시다. 이는 앞으로 그가 결코 자신을 완전 방기하지는 않을 것이라는 암시이기 때문이지요.

그런데 이날 밤 제이크의 어지러운 생각 속에서 우리 눈을 끄는 것이 있군요. 제이크는 브렛과 자신에 관해서, 그리고 느닷없이 대가에 관해서 생각합니다. 횡설수설하듯 이렇게 계속되는군요. 모든 것은 대가를 치른다. 내가 얻는 것들을 위해 나는 대가를 치른다. 나는 공짜로 뭔가를 얻고 있다. 계산서 발급이 연기되고 있다. 계산서는 반드시 올 것이다….

무슨 뜻인가요? 브렛과의 관계가 이런 식으로 계속되는 한 반드시 대가를 치를 것이라고 말하는 건가요? 그가 반드시 치르게 될 대가는 어떤 형태로 나타날까요? 우리는 곧 알게 될 것입니다. 그는 브렛의 욕망을 거절하지 못하고 몬토야를 배반하고 자신을 배반할 것입니다. 그것이 그가 치르게 될 무서운 대가일 것이에요.

축제에 대한 기대와 흥분이 높아지고 일행 사이의 갈등이 표면화되면서 제이크는 폭발을 예감합니다. 그는 외면하고 피하려 하지만, 막을 수 없는 일들이 다가오고 있다는 것을 느껴요. 로버트가 결정적인 역할을 합니다. 제이크가 브렛을 젊은 투우사 로메로와 연결시키자 로버트가 주먹으로 제이크 일행을 때려눕힙니다. 이때부터 상황이 급변하면서 새로운 국면으로 접어듭니다. 그 과정을 따라가보지요.

The Sun
Also Rises

제6강

자, 우리는 앞에서 제이크 일행 사이에서 고조되는 갈등을 보았어요. 그들의 갈등은 산페르민 축제의 열기가 높아지면서 본격적으로 표면화될 것이에요. 투우 경기장의 함성 속에서 젊은 투우사 로메로가 등장하고, 브렛이 그에게 매혹되는 것이지요. 헤밍웨이는 이를 위한 배경으로 축제의 시작과 진행과 그 분위기를 상세하게 밀도 있게 묘사함으로써 투우가 스페인 문화의 정수임을 보여줍니다. 그리고 그 문화의 정수를 보존하고 전수하는 인물이 로메로임을 독자들이 깨닫게 합니다. 로메로가 인간문화재로 암시되고 종교적인 사제로서 묘사되는 것에 주목하기 바랍니다. 좀 더 자세히 봅시다.

산페르민 축제, 일주일 동안 계속될 이 축제를 위해서 사람들이 몰려옵니다. 거리와 광장과 카페에는 관광객들이 북적여요. 쉬지 않고 불꽃이 터지고 춤과 음악으로 거리는 터져나갈 듯해요. 남자들과 소년들은 거리를 가득 채우면서 피리와 젓대와 북소리에 맞추어 춤을 춥니다. 머리와 어깨를 일제히 흔들며 몰아 상태에 빠져요. 그들의 발동작이 만들어내는 소리가 땅을 울리네요. 거리를 가득 채운 아이들과 어른들과 농부들이 다 함께 공동체의 축제를 즐기는 것이지요.

이 축제는 춤과 음악으로 드리는 예배로 묘사되기도 해요. 군중 사이로 장려한 종교적 행렬이 지나갑니다. 산페르민 성인을 한 성당에서 다른 성당으로 모셔가는 것이지요. 이 행렬에는 고위 관리들과 성직자들이 모두 참가해요. 공식적인 행렬의 맨앞과 맨뒤에서는 리아우 리아우 춤을 추고요. 거인들, 담뱃가게의 커다란 인디언 인형들, 무어인들, 왕과 왕비가 음악에 맞춰 원을 그리며 장엄하게 춤을 춥니다.

그렇군요. 춤과 음악으로 예배를 드리는 이 축제에서는 성과 속이, 몸과 정신과 영혼이 합일을 이루는 듯합니다. 아무도 소외되지 않고 개인과 집단이 분리되지도 않아요. 그들은 함께 축제에 참여하면서 고양된 희열과 종교적인 승화를 경험하는 것이지요. 보세요. 이것이 투우의 본질과도 연결됩니다. 우리는 경기장에 선 로메로를 통해, 그를 지켜보는 관중을 통해, 이를 확인하게 될 것이에요.

이런 축제의 공간으로 제이크 일행이 들어옵니다. 현지인들과 포도주를 나눠 마시고 어깨동무를 하고 큰 소리로 합창을 해요. 남자들은 브렛을 가운데 두고 원을 그리며 춤을 추기도 해요. 그래요. 축제는 거대한 용광로처럼 성스러운 것과 세속적인 것, 꿈과 현실, 이성과 격정, 현지인과 외지인의 경계를 녹이며 끓어오릅니다.

그런데 여러분에게 묻고 싶군요. 성스러운 것과 세속적인 것의 차이는 무엇인가요? 설명하기 어렵지요? 이유가 무엇일까요?

우리는 지금 세속 도시에서 살고 있어요. 삶에 대한 초월적 태도를 거의 잊어가고 있어요. 우리의 삶은 신을 통한 내세보다는 인간 중심으로 지금, 오늘에 몰두합니다. 신이 있던 자리에 인간이 들어서고 내세를 향하던 시선은 현재의 영광을 탐하지요. 그래요. 소비와 소유를 강조하는 시장경제는 우리 삶에서 경외감을 밀어내고 있어요. 희석시키고 있어요.

우리는 일상 속에서 언제 경외감을 느끼나요? 경쟁과 과시를 목표로 하는 한, 자신의 삶도 상품으로 만들어요. 경건함과 고요함을 만나던 공간들도 화려한 말과 소음으로 채워지고 있어요. 깊은 산속에서, 또는 이른 새벽과 한밤중에 마주하던 정적도 사라지고 있어요. 그래서 우리는 자신에 대한, 삼라만상에 대한 신비감을 잊어버리는 것이지요. 이곳 산페르민의 축제는 우리가 잃어버린 것이 무엇인지를 새삼 상기하게 만듭니다.

자, 우리는 지금 젊은 투우사 로메로를 만나기 위한 준비를 하고 있는 거예요. 주목하세요. 로메로는 성스러운 것과 세속적인 것이 공존하는 삶, 일상 속에 종교가 중심이 되고 있는 이곳 문화의 정수를 나타내는 인물이에요. 그가 산페르민 축제의 영웅으로 묘사되는 이유입니다.

우리의 관심은 로메로와 제이크 일행의 관계입니다. 헤밍웨이는 로메로를 통해, 그와 제이크, 브렛과의 만남을 통해, 무엇을 강조하려는 것일까요? 로메로는 지금까지 우리가 만난 인물과는 어떻게 다를까요? 제이크 일행이 삶의 이정표를 상실하고 비틀거리는 모습으로 그려졌다면 로메로는 삶의 주체성을 잃지 않는 인물로 묘사됩니다. 무엇보다 제이크 일행이 자신에 대한 긍지와 자존감을 잃은 모습으로 그려진다면 로메로는 위기 속에서도 의연함을 잃지 않는 모습으로 그려져요.

헤밍웨이는 로메로와 제이크 일행의 차이점을 그들이 속한 세계와 문화의 차이로 보여주고 있어요. 전후 혼돈 속에서 떠도는 제이크 일행과, 인간과 자연과 종교가 공존하는 문화에 속한 로메로의 차이로 보여주는 것이지요.

자, 이제 로메로를 만나지요. 몬토야는 경기 준비를 하고 있는 로메로에게 제이크를 데리고 가는군요. 이 뛰어난 젊은 투우사를 미국인 제이크에게 소개하는 것은 제이크에 대한 몬토야의 신뢰를 말해주는 것이지요. 독자 앞에 처음 나타나는 로메로를 보세요.

로메로는 금욕적인 검박함을 연상시키는 작은 방에서 꼿꼿이 서서 멀리 정면을 응시하는군요. 잠시 후 시작될 시합을 앞두고 복장을 마무리하는 열아홉의 아름다운 이 청년은 종교 의식을 앞둔 사제의 모습을 연상시켜요. 준비를 도와주는 사람들이 옆에 있지만 그는 마치 홀로 서 있는 듯합니다.

■ ■ ■ 몬토야는 노크한 뒤 문을 열었다. 어둑한 방에는 좁은 거리로 나 있는 창에서 희미한 빛이 들어오고 있었다. 침대 두 개는 수도원식 칸막이로 나누어져 있었다. 전등이 켜져 있었다. 투우복을 입은 소년은 웃음기 없는 얼굴로 아주 꼿꼿이 서 있었다. 그의 자켓은 의자 등받이에 걸쳐져 있었다. 그들이 방금 장식띠를 둘러주고 난 뒤였다. 그의 검은 머리가 전등불 아래서 빛났다. 그는 흰색 리넨 셔츠를 입고 있었고 검잡이는 그의 띠를 둘러주고 일어나 뒤로 물러섰다. 페드로 로메로는 고개를 끄덕였고 우리가 악수할 때 의연했으며 아주 먼 곳에 가 있는 것처럼 보였다. 몬토야는 우리가 얼마나 열렬하게 투우를 좋아하는지를 말하고 그에게 행운을 빌어주러 왔다고 했다. 로메로는 대단히 진지하게 귀를 기울였다. (164)

자, 그렇다면 로메로가 뛰어난 투우사라는 것을 어떻게 알 수 있을까요? 이는 먼저 로메로의 경기를 보며 몬토야와 제이크가 나누는 대화로 나타납니다. "이것이 진짜 투우예요. 진짜 투우는 오랫동안 없었어요This was a real one. There had not been a real one for a long time." 몬토야와 제이크는 서로 공감하며 고개를 끄덕입니다. 무엇을 뜻할까요? 진짜 투우를 만나기가 더 이상 쉽지 않으며, 그동안 진짜 경기를 하는 투우사들이 없었다는 걸 인정하는 것이지요. 그만큼 로메로가 귀한 존재라는 것이지요.

그런데 왜 더 이상 진짜 투우를 보기 어려워졌을까요? 왜 가짜 투우가 유행하기 시삭한 것일까요? 이런 설명을 보세요. 두려움이군요. 투우가 순결성을 잃게 된 것은 두려움 때문이군요. 삶과 죽음이 갈라지는 위기의 순간에 투우사들은 죽음이 두려워진 것이지요. 전설적인 투우사가 경기장에서 목숨을 잃은 뒤 투우사들은 몸을 사리기 시작했어요. 그러나 관중을 위해 자신들이 위험을 무릅쓰며 두려워하지 않는다는 것을 보여주어야 하지요. 그들은 기교와 과장된 동작과 속임수를 만들어내요. 관중을 속이기 시작하고 자신들을 속이게 된 것이지요. 그러나 진정으로 자신을 속일 수는 없고 그래서 그들의 경기는 더욱 가짜가 됩니다.

뿐만 아니에요. 가짜 투우가 성행하기 시작한 것은 이곳 스페인 문화의 오염과도 상관있어요. 미국 대사관을 중심으로 관광객들이 몰려오고 투우는 그들을 위한 오락거리로 변질됩니다. 또 나이 든 미국 여자들이 젊은 투우사들을 유혹하기도 하고요. 시대의 변화와 함께 투우도 상품화되는 것이지요.

로메로가 보여주는 진짜 투우에 대한 설명은 간단해요. 그의 투우는 순결해요. 그의 동작은 간결하고 깨끗해요. 과장도 기교도 없어요. 그래요. 진실한 것은 꾸밈없는 것과 통하는군요. 보세요.

■ ■ ■ 로메로는 결코 동작을 비트는 적이 없었다. 그의 동작은 언제나 곧고 선이 깨끗했고 자연스러웠다. 다른 투우사들은 코르크 마개처럼 몸을 비틀고 팔목을 들어 올리고 위험을 꾸며내기 위해 황소의 뿔이 스쳐가고 난 뒤에야 황소의 옆구리에 기대기도 했다. 나중에는 가짜 동작들은 모두 엉망이 되면서 불쾌감을 주었다. 로메로의 투우는 진실한 감동을 느끼게 했다. 왜냐하면 그는 완벽하게 순수한 동작의 선을 유지했고, 침착하고 조용하게 뿔이 매번 그의 옆을 바싹 스치게 했기 때문이다. 그는 자기와 소가 얼마나 아슬아슬하게 가까웠는지를 강조할 필요가 없었다. (…)

그는 옛날 방식대로 자신을 최대로 위험에 노출하면서 몸의 깨끗한 선을 유지했다. 소로 하여금 그는 손댈 수 없는 상대임을 깨달으면서 죽을 준비를 하도록 소를 지배했다. (167–168).

로메로의 모습을 보면서 다시 묻게 됩니다. 진짜와 가짜를 어떻게 구별할 수 있을까요? 이 질문은 투우에만 적용되는 것이 아닙니다. 예술 전반, 더 나아가서 우리의 삶 전반에 적용되는 것이 아닐까요? 어떤 그림 앞에서 사람들은 왜 오랫동안 서 있을까요? 어떤 시나 소설은 왜 시간을 초월하여 감동을 줄까요? 어떤 조각은 왜 우리를 깊은 침묵으로 인도할까요?

다시 묻게 됩니다. 보통 사람들에게 진짜와 가짜는 어떻게 다르게 보일까요? 경기장을 가득 메우는 관중은 투우사의 동작들이 진정한 것인지, 꾸며낸 것인지 어떻게 구별하나요? 의외로 해답은 간단하군요. 그것은 관중이 경기를 보면서 거쳐 가는 감정에 의해 밝혀집니다. 다시 말해 관중은 느낌으로 알아버려요. 아, 이거, 무서운 얘기입니다. 가짜와 진짜를 구별하는 뭐 대단한 이론이나 설명이나 방식이 따로 있는 것이 아니군요. 경기를 보며 내가 어떤 감정을 느끼는지, 고양된 기쁜 감정을 느끼는지 아니면 기분이 영 나쁜지, 그것이 정답이군요.

로메로의 동작을 보면서 관중은 진정한 감동을 느낍니다. 그들은 삶의 진실, 또는 위대한 예술과 접했을 때와 같은 고양된 상태에 도달해요. 그리고 종교적인 의식에 참여할 때처럼 승화를 경험하게 돼요. 그래서 로메로는 예술가이면서 사제이기도 한 것이지요.

비로소 로메로가 스페인 문화 속에서 차지하는 의미와 비중이 분명해집니다. 공동체가 그를 보호하고 지켜야 하는 이유도 확실해집니다. 그가 진실하면 그의 경기를 통해 그가 속한 공동체가 진정한 감동을 경험하게 되고 초월의 순간에 동참하게 되는 것입니다.

이제 로메로의 등장이 일행에게 어떤 파장을 일으키는지 보세요. 로메로의 경기를 보고 난 뒤 제이크 일행 사이에 퍼지는 불안한 기류를 보세요. 카페에서 술을 마시면서 마이크가 다시 콘에게 시비를 걸어요. 우리는 앞에서도 마이크가 로버트를 공격한 것을 기억하고 있어요. "로버트, 당신은 어쩌자고 아무짝에도 쓸모없는 수소처럼 여기까지 따라온 거야?"

이번에는 마이크는 전보다 더 노골적이에요. 그는 심사가 틀어져 있어요. 브렛이 로메로에게 반한 것을 알아차렸기 때문이지요. 로버트를 보는 것만도 견딜 수 없는데 이제 로메로까지 등장했으니까요.

마이크는 처음에는 로버트에게 투우 경기에 대해 시비를 걸어요. 경기를 보기 전에 로버트가 말했었거든요. 자기는 투우를 싫어하고, 무엇보다 지루할까 봐 걱정이라고요. 이제 로메로의 훌륭한 경기를 보고 난 후, 일행은 로버트가 했던 그 말을 꺼내요. 처음에는 빌이 묻는군요. 그런 뒤에는 마이크가 계속 그 말을 물고 늘어져요.

■ ■ ■ "당신, 지루했소?" 빌이 물었다.

콘이 웃었다. "아니 지루하지 않았소. 내가 그 말 했던 거 용서하시오."

"괜찮소. 당신이 지루하지만 않았다면." 빌이 말했다.

"지루해 보이지는 않던걸." 마이크가 말했다. "난 멀미를 하는가 했지."

"그 정도로 상태가 나쁘진 않았소. 잠깐 좀 그랬을 뿐이지."

"난 토하려는 줄 알았어. 당신은 지루한 게 아니었어. 안 그래요, 로버트?"

"그만합시다, 마이크. 내가 그 말 했던 거 미안하다고 하지 않소."

"멀미가 났었어. 정말이야. 아주 새파랗게 실리너라구."

"오, 그만해요, 마이클." 브렛이 말했다. (165–166)

잘 보세요. 일행은 이렇게 로버트를 궁지로 몰고 가는군요. 로메로의 등장으로 신경이 날카로워진 마이크가 로버트를 공격하고 다른 일행들이 이에 가세하지요. 그들은 각자 브렛으로 인해 생기는 긴장을 로버트에게 터뜨립니다. 문자 그대로 로버트를 동네북, 아니 샌드백 취급을 하는 것이지요.

로버트를 향한 모욕이 고조되는 상황 속에서 결정타를 날리는 것은 제이크입니다. 그가 로메로에게 반한 브렛의 청을 거절하지 못하고 그녀를 로메로에게 연결시키니까요. 그때까지 당하기만 하던 로버트가 폭발합니다. 그 과정을 봅시다.

The Sun
Also Rises

제7강

이번 강의에서는 브렛의 청을 거절하지 못하는 제이크가 그녀를 로메로와 연결시키는 과정, 그리고 로버트가 폭발하면서 이 일이 일행에게 가져오는 파장을 살펴보지요. 이를 위해 우선 로메로가 이곳 공동체에서 차지하는 비중을 재확인하는 것이 필요합니다. 우리는 앞에서 로메로를 통해 공동체가 함께 고양된 감정을 경험한다고 했어요. 성당에 가서 초월적 순간을 만나는 것처럼 관중은 그의 진정한 투우를 보며 승화된 감동을 느끼는 것이지요. 로메로를 지키고 보호해야 하는 이유이지요.

몬토야는 이 사실을 누구보다 잘 알고 있어요. 그는 로메로의 순결성을 지키는 것이 자신의 의무, 아니 거의 소명이라고 믿고 있어요. 시대가 변하고 관광객들과 외지인들이 몰려오고,

투우사들은 세속적 인기와 상업성에 노출되고 있으니까요. 새로 들어선 호텔을 중심으로 미국인들이 젊은 투우사들을 유혹하고 있으니까요. 제이크도 이 사실을 잘 알고 있습니다.

자, 이런 상황에서 몬토야가 제이크를 방문하는군요. 지금부터 일어나는 일은 이 소설에서 극적인 전환점을 가져오므로 주목하기 바랍니다. 몬토야는 망설이는 듯 당황한 듯, 어렵게 말을 꺼냅니다. 이곳 축제에 와 있는 미국 대사관측 사람들이 그날 밤 로메로를 초대했다고 해요.

이 전갈을 받고 난감해진 몬토야가 제이크의 의견을 물으러 온 것이지요. 제이크의 내답은 물론 분명해요. 로메로에게 그 전갈을 전하지 말라고 해요. 제이크를 신뢰하는 몬토야는 그의 대답에 안도하고 기뻐합니다. 보세요.

■ ■ ■ 몬토야는 난감한 표정으로 서 있었다. 그는 내가 무슨 말을 하기를 원했다.

"로메로에게 그 전갈을 전하지 마세요." 나는 말했다.

"그렇게 생각하세요?"

"당연하죠."

몬토야는 대단히 기뻐했다.

"당신에게 물어보고 싶었어요. 미국인이시니까요." 그가 말했다.

"나라면 그렇게 해요."

"그게, 참." 몬토야가 말했다. "사람들은 그 아이를 그런 식으로 대해요. 그가 어떤 가치가 있는지 몰라요. 얼마나 의미 있는 인물인지 몰라요. 외국인들은 누구든지 그를 우쭐하게 만들 수 있어요. 그들은 이렇게 그랜드 호텔로 초대한다고 떠들썩하게 해놓고 일 년만 지나면 다 잊어버리죠."

(…)

"지금 미국 여자 하나가 여기까지 와서 투우사들을 수집하고 있어요."

"알아요. 그들은 젊은 투우사들만 원해요."

"그렇죠." 나는 말했다. "늙은 투우사들은 뚱뚱해지니까."

(…)

"그는 정말 훌륭한 젊은이에요." 몬토야가 말했다.

"그는 자기편 사람들과 있어야 해요. 그런 자들과 어울려서는 안 됩니다." (171–172)

자, 이들의 대화를 통해서 분명해졌지요? 몬토야는 제이크에 대한 신뢰를 확인했어요. 제이크 역시 로메로를 외부의 유혹으로부터 보호해야 한다고 믿어요. 그가 한 말, 지금 여기 젊은 투우사를 노리는 미국 여자가 있다는 말은 로메로에게 반한 브렛을 염두에 둔 말이지요. 그러나 보세요. 반전이 기다리고 있어요. 제이크가 그날 밤 취하는 행동은 지금 몬토야와 나눈 대화와는 정반대예요. 그는 몬토야의 신뢰와 자기 자신을 배반하게 됩니다.

계속하지요. 그날 저녁 호텔 식당에서 제이크는 우연히 옆 테이블에 앉아 있던 로메로와 투우평론가와 합석하게 됩니다. 그들은 스페인어로 말하고 영어로도 간간히 말해요. 투우장이 아닌 곳에서 로메로가 어떤 모습으로 묘사되는지 보세요.

로메로는 제이크가 그의 경기를 칭찬할 때 우쭐대거나 교만하지 않아요. 그는 자신의 경기에 대해 예술가가 자기 작품을 객관적으로 얘기하듯 담담하게 말해요. 열아홉 살이지만 상당히 성숙해 보여요. 곧이어 제이크의 다른 일행도 합석하게 되면서 로메로와 브렛은 서로 웃으며 얘기를 해요. 로메로 때문에 신경이 날카로워진 마이크는 잔뜩 취해서 큰 소리로 술주정을 합니다.

이 장면이 눈에 보이는 듯하지요? 사제처럼 묘사되는 젊은 투우사가 자기에게 반한 서른네 살의 여자와 술주정꾼과 제이크와 함께 앉아 있어요. 몬토야가 실내로 들어오는 것은 이때입니다.

그는 제이크를 보고 미소 지으려다 술주정뱅이들의 테이블에서 코냑 잔을 손에 들고 어깨를 다 드러낸 여자와 제이크 사이에 앉아 웃고 있는 페드로 로메로를 보았어요. 그는 목례조차 하지 않고 나가버려요. 당연하지 않나요? 자, 불길한 예감이

드는군요. 이 예감은 이날 밤 현실이 됩니다.

몬토야가 나가버린 뒤 다시 제이크 일행을 보세요. 마이크는 노골적으로 로버트에게 시비를 거는군요. 아무도 당신을 원하지 않는데, 모르겠어? 꺼져, 꺼지라구. 그는 비틀거리며 일어나 주먹으로 로버트를 치려고 해요. 창백한 얼굴로 모욕을 견뎌내던 로버트가 절대 떠나지 않겠다고 응수하며 일어나 주먹을 꽉 쥐는군요. 제이크는 속으로 이런 로버트를 비웃어요. 그가 술에 취해 유치한 용기를 보인다고 말이지요. 보세요. 주먹으로 싸울 태세를 먼저 취한 것은 마이크예요. 로버트는 방어하려고 했어요. 이때의 싸움은 불발로 끝나지만, 이날 밤 이들 일행에게 무슨 일이 일어나는지 우리는 곧 알게 될 것입니다.

자, 마이크가 계속 술주정을 하는 사이 제이크와 브렛은 이들을 피해 밖으로 나와요. 어두운 공원을 걸으며 그들은 서로 로버트에 대한 혐오감을 말하는군요. 재미있지 않나요? 두 사람 모두 정작 문제는 다른 곳에 있다는 것을 알면서 말이지요.

그러나 곧 브렛이 실토하는군요. 로메로에게 반했으니 로메로를 만나게 해달라고 하는군요. 로버트는 따라다니고, 마이크는 술만 마시고, 더 이상 참을 수 없다고, 자기도 어쩔 수 없다고 하는군요. 그런 브렛에게 수치심이나 자존심은 없어 보입니다. 브렛의 애걸을 듣고 제이크가 어떤 생각을 할까요? 어떤 반응을 보일까요? 우리는 그날 오후 있었던 제이크와 몬토야의 대화를 기억합니다. 제이크는 브렛을 만류하는군요. 그래서는 안 된다고 계속 말하는군요. 그러다가 포기합니다. 보세요.

■ ■ ■ "제이크, 아직도 날 사랑해?"

"물론." 내가 대답했다.

"난 구제불능인데." 브렛이 말했다.

(…)

"난 대책이 없어. 로메로에게 완전히 넋이 나갔어. 그를 사랑해."

"나라면 안 그럴 거야."

"어쩔 수 없어. 속수무책이야. 내 속이 전부 씻어서는 것 같이."

"안 돼."

(…)

"어쩔 수 없어. 어쨌거나 난 구제불능이야. 모르겠어?"

(…)

"난 뭔가를 해야 해. 내가 정말로 원하는 걸 해야만 해. 난 자존감을 잃었어."

"당신, 그래서는 안 돼."

"까다롭게 이러지 마. 그 끔찍한 유태인은 얼쩡거리지, 마이크는 저런 식으로 행동하지, 내가 어떨 것 같아?"

"그건 그래."

"계속 내가 술에 취해 있을 수도 없잖아."

"안 돼지.

"제발 내 옆에 있어. 옆에서 내가 이 상태를 이겨내는 걸 지켜봐줘."

"물론이야."

"그게 옳다고는 하지 않겠어. 그러나 나를 위해서는 옳아. 세상에, 내가 이렇게 엉망진창이 된 적은 없었어."

"내가 어떻게 했으면 좋겠어?"

"우리 가서 그를 찾아요." 브렛이 말했다. (183-84)

헤밍웨이는 지금 두 사람의 대화를 통해 곧 일어날 일의 배경을 설명하고 있어요. 다시 말해 브렛과 제이크의 행동을 비난하기에 앞서 독자가 그들을 이해할 수 있는 최소한의 근거를 보여주는 것 같아요. 무슨 뜻이냐고요?

먼저 제이크를 보세요. 로메로의 가치를 누구보다 잘 알고 있는 그는 건조한 톤으로 반복해서 브렛을 말리고 있어요. 짧게 브렛의 말에 답하며 말리고 있어요. 제이크가 느낄 착잡함, 낭패감, 자신에 대한 혐오감, 몬토야의 신의에 대한 갈등에 대해서 생각해보세요.

브렛에 대해서는 어떤 생각이 드나요? 그 여자의 어려운 상태가 전달되는지요? 그녀는 쾌활하게 아무것도 개의치 않는 듯 일행과 어울리고 있었는데, 그렇지 않군요. 그녀 역시 이 복잡한 상황 속에서 힘든 시간을 갖고 있군요. 그래서 거의 자포자기 상태에 온 듯하군요.

무엇보다, 난 자존감을 잃었어, 라는 그녀의 말에 주목하세요. 무엇을 뜻할까요? 제이크의 만류에도 불구하고 그녀는 자신을 자제할 수 없다고 해요. 로메로를 유혹하는 것이 부끄러운 짓인 줄 알고 있지만 어쩔 수 없다고 해요. 자존심을 잃었기 때문이라고 해요. 그렇다면 자존감이란 자기 통제력, 절제력과 상관있는 것인가요? 이 부분은 나중에 로메로를 떠나보낸 뒤 자신의 행동에 자부심을 느낀다는 그녀의 말과 비교될 것입니다.

자, 브렛의 애걸을 거절하지 못하는 제이크를 보면서 무슨 생각이 드나요? 자신의 무능이 브렛의 자포자기와 상관있다고, 자괴감을 느낄 수도 있어요. 동시에 그는 누구보다 로메로의 가치를 알고 있어요. 그의 참담한 상태가 느껴지는지요?

그러나 중요한 것은 그가 몬토야를 배반하는 쪽을 택한다는 것이지요. 그는 결국 현지인의 신뢰를 이용하는 뜨내기 외지인처럼 행동하는군요. 제이크 자신이 누구보다 이 사실을 잘 알고 있어요. 이렇게 제이크와 브렛은 로메로를 찾아 다시 카페로 가는군요. 이 장면은 소설에서 전환점이에요. 이를 계기로 스토리는 마무리 준비를 해요.

■ ■ ■ 로메로는 브렛을 주시하고 있었다. 그는 그들 둘 사이에 무엇인가 있

다는 것을 느꼈다. 그는 브렛이 그에게 손을 내밀었을 때 그렇게 느낀 게 분명했다. 그는 매우 신중했다. 확실하다고 생각하고 있었지만 실수하고 싶지 않았던 것이다. (185)

(…) 그는 나를 보았다. 그것은 다 이해된 거냐고 마지막으로 묻는 표정이었다. 제대로 이해되었다.
"앉아요. 나한테 스페인어를 가르쳐줘야 해요." 브렛이 그에게 말했다.
(…) 투우사들의 테이블에 앉은 사람들이 굳어진 눈으로 내가 나가는 것을 지켜보았다. 기분이 좋지 않았다. 내가 20분 후 카페로 돌아와 들여다보았을 때 브렛과 페드로 로메로는 없었다. (187)

이날 제이크는 무슨 짓을 한 것일까요? 그는 미국 대사관에서 보내온 초대장을 로메로에게 전달하지 말라고 분명하게 몬토야에게 말했어요. 그런데 그는 로메로를 나이 든 타락한 여자와 연결시켰군요.

그가 한밤중 막연하게 생각했던 것이 떠오릅니다. 브렛과의 관계로 인해 언젠가 대가를 치르게 될 것이다. 그렇군요. 그는 이런 방식으로 대가를 치르는군요. 브렛 때문에 몬토야의 신의를 무시하고 자신을 배반했군요. 자기 존중감을 버렸군요.

여기서도 작가는 제이크가 느낄 자괴감에 대해 어떤 설명도

하지 않습니다. 그러나 그는 이 일로 인해 로버트에게 얻어맞고 홀가분함을 느껴요. 이는 그가 이때 느꼈을 죄의식과 자괴감에서 벗어났다는 암시가 되기도 해요. 그때 다시 보기로 하지요.

자, 이 지점에서 우리는 두 주인공 인물이 도덕적 바닥을 친 것을 목격했어요. 헤밍웨이가 제이크 일행을 스페인으로 데리고 온 것은 이 순간을 위한 것일까요? 그래요. 그는 로메로를 등장시켜 이들의 도덕적 추락 상태를 극명하게 확인해요. 그런 뒤 다시 로메로를 통해 바닥을 친 이들이 자신들을 추스리는 것을 보여주려고 해요. 여러분이 어떤 생각을 하는지 알고 싶어요.

The Sun Also Rises

제8강

앞에서 일어난 일, 제이크가 브렛을 로메로와 연결시킨 일을 다시 생각해보세요. 중요한 것은 제이크가 브렛과 몬토야 사이에서 갈등했지만 결국은 브렛의 청을 들어준 것이지요. 그는 몬토야를 배신함으로써 스스로 믿을 수 없는 외지인임을 증명한 것이지요. 동시에 그것은 자기 배반이기도 합니다.

이 사건을 계기로 스토리에 결정적인 변화를 가져오는 것은 로버트예요. 이날 밤 브렛을 찾아다니던 로버트는 사태를 알아차려요. 그는 제이크와 마이크, 로메로를 차례로 주먹으로 때려 눕혀요.

그동안 그가 일행들로부터 받아온 수모와 차별이 폭발한 것이지요. 그러나 소설의 전환점이 되는 이 부분은 서너 줄로 처리되어 있어요. 한 대 얻어맞은 제이크가 공격하려고 보니 자신은 어느새 의자 밑에 쓰러져 있어요. 여기서 자세한 묘사가 없는 이유는, 그렇지요, 이 사건의 자초지종이 중요한 것이 아니니까요. 핵심은 로버트의 폭발이 일행에게, 특히 제이크에게 끼치는 영향이지요.

작가는 그 과정을 담담하고 자세하게 묘사해요. 제이크는 그때까지 로버트에 대한 질투와 미움을 억누르고 있었지요. 마이크와 빌이 로버트를 모욕하는 것을 즐기면서 그런 자신을 혐오스러워했지요. 그런 와중에 그가 브렛을 로메로와 연결시킨 것이에요. 그가 느꼈을 몬토야에 대한 죄책감과 자신에 대한 자괴감을 상상할 수 있겠지요? 그러나 역설적이게도 로버트의 폭발은 이 뒤엉킨 상황에서 그를 구해주는 듯합니다. 로버트만이 할 수 있는 단순명료한 방식으로 엉킨 실타래를 싹둑 잘라버린 듯합니다. "너, 뚜쟁이!"라는 로버트의 외침이 한겨울 얼음 속에 빠진 듯 그를 깨어나게 해요. 죄 지은 뒤 벌 받은 것처럼 말이지요. 이런 의미에서 로버트의 주먹은 제이크가 스스로에게 가한 징벌 같기도 하겠지요.

좀 더 자세히 봅시다. 주먹에 얻어맞고 기절했던 제이크가 깨어나서 숙소로 돌아오며 느끼는 감정에 주목합시다. 그가 느끼는 감정은 로버트에 대한, 브렛에 대한, 심지어 자신에 대한 분노나 부끄러움이 아니에요. 이상도 하지요, 그런 감정들을 느꼈을 법한데, 대신 그는 유년 시절의 기억을 떠올립니다. 마치 자신이 어렸을 때 고향 집에서 느꼈던 것과 같은 경험을 하고 있다고 그는 생각해요.

그는 새로 태어난 듯 느껴요. 무슨 뜻인가요? 이는 지금까지의 뒤범벅된 감정들이 사라진 것 같다는 소리지요. 그는 늘 보던 나무를 처음 보듯 쳐다봐요. 늘 걷던 거리 풍경도 달라 보여요. 그러면서 일종의 안정감을 느낍니다.

보세요. 이 장면에서 처음으로 그의 과거가 언급되는군요. 독자들은 이제까지 제이크의 과거에 관해 전혀 아는 바가 없었지요. 이유가 있을 거예요. 우선 이 소설의 인물들이 뿌리 뽑힌 채 떠도는 사람들이기 때문에 어린 시절, 가족, 집, 고향과는 절연된 상태에 있지요. 제이크의 경우에는 전쟁에서의 부상으로 더욱 그래요. 그는 혼자 자기 대면을 못해요. 자신을 응시하는 것은 상처와 만나는 것이니까요. 그래서 그는 자신에 대해서도, 다른 사람에 대해서도, 방관자적인 태도를 취해요.

그런데 지금 용의주도한 듯 보였던 그의 자기 통제력이 로버트의 주먹에 흔들린 것이지요. 그의 주먹이 가한 확실하고 빠른 징벌로 죄의식에서 풀려난 듯해요. 집에 온 것 같다는 표현이 이를 암시하고 있는 게 아닐까요? "나는 문 옆에 섰다. 마치 집에 돌아온 것 같았다I stood by the door. It was just like this that I had come home"(193). 여기서 '집'이라는 단어가 유난히 눈에 띄는군요.

그런데 보세요. 늘 그렇듯이 작가는 이 부분에서도 제이크의 내적인 변화를 암시하면서도, 정화 또는 순화라는 단정적인 표현을 쓰지 않아요. '새로워진', '변한'이라는 단어를 사용할 뿐이에요. 그는 왜 새로워진 걸까요? 그동안의 소용돌이들, 로버트에 대한 질투와 증오, 브렛에 대한 절망, 자신에 대한 혐오감에서 풀려난 것일까요?

로버트의 주먹은 그에게 면죄부로 작용한 것 같습니다. 그렇다면 말이지요, 이 일로 제이크의 태도도 달라졌을까요? 로버트의 주먹이 자기를 새로워지게 했으니 고맙지 않을까요? 그를 미워하고 질투한 것이 미안하지 않을까요? 아닙니다. 그런 암시는 없어요. 오히려 이 사건에 대해 흐느끼며 용서를 비는 것은 로버트입니다. 제이크는 그에게 오만해요. 당신, 날 뚜쟁이라고 했지, 하면서 로버트의 사과를 받아내요. 그리고 울면서 악수를 청하는 로버트에게 마지못해 손을 내밀어요. 보세요.

■ ■ ■ "브렛 일을 참을 수가 없었어."

"날 뚜쟁이라고 했지."

(…)

"난 아침에 떠날 거야."

그는 소리 없이 울고 있었다.

“난 브렛에 대해 도저히 견딜 수가 없었어. 난 지옥에 있는 것 같았어, 제이크. 그녀는 나를 전혀 모르는 사람처럼 대했어. 난 견딜 수 없었어. 우리는 산세바스티안에서 같이 지냈거든. 그건 당신도 알고 있겠지. 나는 더 이상 참을 수 없었어.”

그는 그대로 침대에 누워 있었다.

“난 샤워를 해야겠어.” 내가 말했다.

“당신은 나의 유일한 친구이고, 그리고 난 브렛을 너무 사랑했어.”

“아, 그만 갈게.” 내가 말했다. (…)

“제이크, 나를 용서한다고 말해줘.”

“물론, 괜찮아.” 나는 말했다.

“너무 끔찍해. 제이크, 정말 지옥 같았어. 이제 모든 것이 끝났어. 모든 것이.”

“잘 있어. 난 가야 해.” 내가 말했다.

“잘 가, 제이크. 우리 악수할까?”

“그럼, 물론이지.”

우리는 악수를 했다. 어둠 속에서 나는 그의 얼굴을 잘 볼 수 없었다. (194–95)

제이크의 이런 태도에 대해 어떤 생각이 드나요? 그는 여전히 로버트를 배려할 여유가 없다는 소리인가요? 또는 지금까지 우리가 본 것처럼, 로버트라는 타자에 대한 이들 백인 남성들의 우월감과 상관있나요? 로버트의 역할을 보면서 계속 생각하게 됩니다.

그렇다면 로버트에게 무슨 일이 있었나요? 왜 그는 자신의 행동에 대해 제이크에게 용서를 비는가요? 주먹을 휘두른 것은 잘못이라 해도, 그 원인은 제이크와 브렛이, 그리고 다른 일행들이 제공하지 않았나요? 우리는 그가 프린스턴에서 유태인이라는 자의식을 갖게 된 것을 알아요. 미국 사회의 주류가 되기 위한 대가로 그는 심리적 · 정서적 상처를 받았어요. 그리고 이곳에서도 일행들로부터 무시를 당했어요. 그렇다면 그의 폭발은 그동안 받은 모멸감을 보상해주었나요?

아니군요. 오히려 작가는 로버트의 폭발이 그 자신에게 부메랑으로 돌아갔음을 암시하고 있어요. 그는 자기 존중감을 더욱 잃어버린 모습이에요. 묘한 아이러니 아닌가요? 그는 죄인처럼 도망치듯 떠나는군요.

그에게 무슨 일이 일어났던가요? 그를 의기소침하게 만든 직접적인 원인은 로메로군요. 보세요. 제이크와 마이크를 때려눕힌 로버트는 브렛을 찾아 로메로의 방으로 달려갔군요. 브렛과 함께 있는 로메로를 계속 때렸군요. 로메로는 얻어맞고 쓰러졌다가 다시 일어나고, 또 얻어맞고 다시 일어나고…, 로버트는 그를 굴복시킬 수 없었군요. 이 부분을 주목하기 바라요. 로버트의 주먹에 몸은 만신창이가 되지만 결코 로메로의 정신은 주저앉지 않았어요.

다시 상기할까요? 작가는 제이크와 브렛의 변화를 만들기 위해 로메로를 등장시켰어요. 그리고 지금 로메로의 의연함과 강한 정신력을 이런 방식으로 부각시키고 있어요. 로메로는 로버트의 힘센 주먹에 계속 맞고 쓰러지면서도 의연함을 잃지 않았어요. 오히려 로버트가 무너집니다. 마이크가 전하는 말을 인용합시다.

■■■ "그 투우사는 침대에 앉아 있었나 봐. 그는 열다섯 번쯤 얻어맞고 쓰러졌는데 계속 싸우려고 했대. 그래서 브렛이 그를 붙들고 못 일어나게 했대. 그는 힘이 빠지긴 했지만 브렛 힘으로는 그를 막을 수 없었고 그는 일어섰대. 그러자 콘은 더 이상 그를 때리지 않겠다고 했다는군. 때릴 수가 없다고. 그건 야비한 짓이라고. 그러자 투우사가 비틀거리듯 그에게 덤벼들었어. 콘은 뒤로 물러나 벽에 기댔고."

'당신, 날 치지 않겠다고?'

'그래. 창피하니까.' 콘이 대답했지.

그러자 투우사가 힘껏 그의 얼굴을 후려치고는 바닥에 주저앉았대. 브랫 말로는 그는 일어서지 못했고, 콘이 그를 일으켜 세워 침대로 데려가려고 했대. 그랬더니 투우사가 만일 콘이 그를 거들면 그를 죽여버리겠다고, 어쨌거나 콘이 아침에 이곳을 떠나지 않으면 죽여 버리겠다고 했대. 콘은 울고 있고 브렛은 콘에게 꺼지라고 하고 또 그는 악수하고 싶다고 하고….

(…)

그는 바닥에 앉아 있었대. 몸을 추스르며 기다리고 있었던 거지. 브렛은 악수는 하려 하지 않고, 콘은 울면서 얼마나 자신이 그녀를 사랑하는지 말하고 있고, 그녀는 그에게 못난 짓 그만두라고 하고. 그러자 콘은 몸을 구부리고 투우사와 악수하려고 했어. 용서를 구하려 했던 거지. 그러자 투우사는 다시 그의 얼굴을 때렸어." (202)

자, 헤밍웨이는 이 장면을 왜 이렇게 자세하게 묘사하고 있을까요? 그렇군요. 로메로의 의연함을 상조하고 있군요. 로버트를 주저앉게 만든 것은 로메로의 의연하고 강인한 정신력이라고 말하는군요. 이는 로버트가 도망치듯 떠난 뒤 일행의 대화에서 다시 분명해져요. 마이크가 말합니다. "로메로는 로버트를 망가뜨렸어. 내 생각에 그는 다시는 다른 사람을 때려눕히려고 하지 않을 거야." 이들 일행에게서도 로버트에 대한 미안함이란 찾아볼 수 없군요.

여기서 다시 이번 일에 대한 제이크의 태도에 대해 생각해봅시다. 그는 로버트가 떠난 뒤 얻어맞아 욱신거리는 턱을 만지며 이렇게 중얼거리는군요. '빌어먹을 콘, 그자는 자기를 맨 처음 모욕한 자를 때렸어야 하는 거야. 그리고 떠났어야 해. 그자는 브렛이 자기를 사랑한다고 확신했지. 그래서 계속 남아 있었던 거지.' 그러면서 조롱하듯 생각해요. 로버트는 자기의 진실한 사랑이 귀부인을 구해낼 거라는 환상에 빠져 있었다고. 시대착오적인 인간이라고. 이처럼 여전히 제이크의 로버트에 대한 우월감은 변하지 않고 있어요.

그뿐만이 아니에요. 제이크는 자신의 행동이 몬토야에게 어떤 상처를 주었는지 전혀 생각하지 않아요. 언급이 없어요. 몬토야가 이후 그를 외면했다는 문장으로 두 사람의 오랜 관계가 단절된 것을 독자는 추측할 수 있을 뿐입니다. 그렇다면 말이지요, 제이크가 이번 일을 겪은 뒤 집에 온 것 같은 평온함을 느낀 것은 이들에 대한 그의 무관심과 상관있어요. 로버트와 몬토야가 대변하는 타자와 타 문화에 대한 우월감과 상관있어요. 그러므로 그의 평온이란 일종의 도덕적 오만에서 오는 것이지요. 타자와의 관계에서 필요한 것은 그와 공감하고, 무엇보다 그 입장에서 생각하고 행동하는 것이라는 말이 생각나는군요.

우리는 앞에서 로버트는 제이크의 포일 캐릭터라고 했어요. 제이크와 대비되어 제이크를 돋보이게 하는 역할이라고 했었지요. 지금까지 제이크와 로버트의 관계를 보면서 여러분은 어떤 생각이 드세요? 로버트와 비교하여 제이크가 더 나은 인물로 보이나요? 이들의 공통점은 무엇인가요? 또 차이점은 무엇인가요?

무엇보다 제이크와 로버트 두 사람은 남성적 주체성을 상실한 인물들이에요. 제이크는 성적으로, 로버트는 심리적으로 위축되어 있어요. 두 남자 모두 불안전하고 불안해요. 그런데 제이크는 이성적으로 자기 통제를 하는 인물로 그려지고 있어요. 그러나 그의 자기 통제는 자신의 실체, 불구성을 외면하려는 태도와 이어져 있어요. 무엇보다 그의 이성적 통제는 브렛과의 관계에서는 무력해져요. 그는 그 여자를 위해 몬토야의 신의를 외면하고 자존감도 버렸으니까요. 로버트에 대한 그의 태도도 공감하기 어려워요. 로버트에게 얻어맞은 덕분에 그는 혼돈에서 벗어난 듯하지만, 여전히 그에 대한 우월감을 비리지 못해요.

이는 엘리트 백인 남성의 특징에서 오는 것일까요? 주체성을 상실한 자의 자기보호 본능에서 오는 것일까요? 이것은 작가가 우리에게 던지는 질문이기도 해요. 왜냐하면 1920년대는 기득권이 도전받고 흔들린 시대니까요.

로버트는 어떤가요? 잘생기고 유망한 작가이기도 한 그는 유태인이라는 자의식에 갇혀 있어요. 그는 기사도를 발휘하듯 브렛을 위해 주먹을 휘둘렀지만, 그의 자존감은 더욱 타격을 받아요. 그는 소설에서 결정적인 역할을 했지만 더욱 위축되어 퇴장당해요.

이상한 결론이군요. 로버트는 제이크 일행의 하수인으로 그려진 것 같군요. 제이크 일행은 손 하나 까딱하지 않고 로버트라는 타자를 이용하여 자기들 속의 긴장을 해소하니까 말이지요. 로버트에 대한 그들의 도덕적 불감증은 처음부터 끝까지 변하지 않아요. 제이크가 로버트보다 나은 캐릭터라고 할 수 있을까요?

제9강

자, 이렇게 로버트는 퇴장하고 로메로가 전면으로 나옵니다. 이 강의에서는 로메로를 통해 투우의 의미, 역할, 무엇보다 로메로가 대변하는 진정성에 대해 살펴볼 것입니다. 또 진정한 투우가 왜 문화적 · 종교적 축제인지를 관중의 반응을 통해 볼 것입니다. 이 부분에는 헤밍웨이가 생각하는 투우의 철학 또는 투우의 미학이 압축되어 나타나요.

헤밍웨이는 로메로의 진정성을 부각시킴으로써 제이크와 브렛의 도덕적 변화를 암시하고 있어요. 도덕적 공황에 빠진 서구 사회가 지향해야 할 이정표가 어디 있는지를 모색하려는 것이지요. 자, 이를 염두에 두고 산페르민 축제의 마지막 날을 살펴보겠습니다.

무엇보다 우리는 링 위에서 몸은 만신창이가 되어도 정신은 굳건한 로메로의 모습을 만날 거예요. 이는 앞으로 브렛의 관계에서 그가 미칠 영향을, 다시 말해 그가 브렛을 변화시킬 것임을 암시하는 것이지요.

먼저 춤과 음악과 군중들의 흥분을 느껴보세요. 거리에, 골목에, 카페에, 사람들은 쉬지 않고 몰려드는군요. 황소들은 지축을 울리며 달려가고 사람들은 넘어져 짓밟히기도 하고 시골에서 온 농부는 죽기도 하는군요. 천지가 축제의 열기로 터질 듯합니다.

이런 상황에서 로메로를 간호하고 있던 브렛이 카페에 앉아 있는 제이크 일행에게로 옵니다. 술에 취한 마이크는 그녀를 향해 주정을 하네요. 유태인과 투우사들을 피하라고 했잖아. 그런 자들은 안 된다고 했잖아, 투우사에 대해 말 좀 해봐. 마이크는 이제 로메로 때문에 완전히 무너지는 모습이군요.

브렛과 제이크 두 사람은 일행을 떠나 공원 쪽으로 가는군요. 제이크의 눈에 비친 브렛을 보세요. 오랜만에 쾌활하고 행복한 모습이에요. 간밤의 소란에 전혀 개의치 않는 듯해요. 그녀가 제이크에게 말하는군요. "나, 완전히 달라진 느낌이야. 제이크, 당신은 모를 거야." 자기는 나쁜 여자라고 하며 제이크의 만류를 무릅쓰고 로메로를 찾던 모습과 비교해보세요. 그래요. 그녀의 눈부신 변화는 너무 강조되는 것 같군요. 그러나 그 사이에 로버트와 일행에게 일어난 일을 생각해보세요. 결정적인 변화가 시간과 비례하는 것만은 아니라고 작가는 말하고 있네요.

제이크는 브렛에게 상황이 어떤지 묻고 브렛은 대답하는군요. 부상당한 로메로는 모두들 말리지만 이날 오후 축제의 대미를 장식할 경기에 나가는군요. 그와 일하는 사람들은 그녀에게 화가 났다고 하는군요.

무엇보다 이날 브렛이 성당에 들어가는 것을 눈여겨보세요. 그녀는 로메로를 위해 기도하고 싶어해요. 무릎을 꿇고 앉았다가 다시 일어나는군요. 그들은 밖으로 나와요. 그녀의 말을 더 들어볼까요? 그녀의 변화를 보여주는 부분입니다.

■ ■ ■ "왜 성당 안에서는 신경이 날카로워지는지 모르겠어. 나한테는 기도가 전혀 도움이 안 돼." 브렛이 말했다.

우리는 길을 따라 걸었다.

"난 종교적인 분위기에는 정말 안 맞아." 브렛이 말했다.

"그런데" 브렛이 다시 말했다. "난 그에 대해 전혀 걱정하지 않아. 그를 생각하면 그냥 행복해져."

"좋겠군."

"그러나 바람은 수그러들었으면 좋겠어."

"오후 다섯 시쯤이면 가라앉을 거야."

"그러길 바라야지."

"당신, 기도하면 되잖아."

"난 한 번도 기도가 통했던 적이 없어. 날 기도하고 싶게 만들었던 것도 없어. 당신은 있어?"

"아, 물론 있지."

"기도는 어떤 사람들에게는 효력이 있나 봐. 제이크, 당신은 그리 종교적으로 보이진 않지만 말이야." (208–209)

그렇군요. 브렛의 마음속은 그날 오후 경기를 앞둔 로메로에 대한 생각으로 가득 차 있군요. 그녀가 누구를 위해 기도할 마음이 생긴 것도 처음인 듯하군요. 그를 위해 기도하고 싶지만 잘되지는 않는군요. 그래요. 이날 두 사람이 나누는 대화가 기도와 신에 관한 것임을 주목합시다. 충동을 못 이겨 로메로를 만나게 해달라고 애걸했던 브렛이 경기를 앞둔 로메로를 위해 기도하고 싶어졌군요.

제이크와 브렛이 나눈 이 대화는 소설의 끝에 다시 언급될 것이에요. 그때도 그들은 신에 관해 말해요. 로메로를 떠나보낸 브렛이 제이크에게 "나에게 신은 없지만, 난 자존감을 되찾았어"라고 말해요. 작가는 무엇을 말하려는 것일까요? 더 이상 신을 믿을 수 없는 시대에, 길을 잃고 헤매는 인물들이 신 대신 회복하고 지켜야 할 것은 무엇인지를 제시하고 있는 것이지요.

자, 이를 염두에 두고 작가가 로메로의 존재를 전면에 내세우는 것을 봅시다. 그가 대변하는 진정성, 그것이 링 위에 선 그의 모습을 통해서 어떻게 강조되는지 봅시다. 로버트의 주먹에 만신창이가 되어도 의연함과 용기를 지키는 로메로의 모습이 어떻게 강조되는지 보세요.

헤밍웨이는 축제의 대미를 장식하는 이 경기에서 로메로의 동작 하나하나를 세밀하게 묘사합니다. 그것은 제이크 일행을 묘사할 때와는 비교할 수 없을 정도로 강렬해요. 그 차이가 어디에서 올까요? 소설의 절정을 이루는 이 부분을 정독하기 바랍니다.

그런데 이 부분이 차지하는 중요성을 많은 비평가들이 간과하는 듯해요. 헤밍웨이가 투우에 심취한 이유, 투우의 미학 등을 논하면서도 투우사 로메로가 제이크와 브렛에게 미치는 영향에 대해서는 주목하지 않아요. 이는 작가의 의도를 놓치는 것이라는 생각이 들어요.

보세요. 소설의 2부 마지막 장이 로메로와 투우에 대한 묘사로 채워져 있어요. 줄거리와 크게 상관없이 투우에 대한 작가의 통찰력이 가득한 에세이를 읽는 것 같기도 해요. 그러나 앞에서도 언급했듯이 이 소설의 2부 전체가 스페인의 축제 기간을 배경으로 인물들을 다루고 있어요. 그 중심에 젊은 투우사 로메로와 그가 대변하는 삶이 있고요. 그러므로 우리는 로메로의 경기 자체에 몰입하면서 그가 보여주는 의미를 브렛과의 관계에서 찾아야 합니다. 헤밍웨이가 이를 통해 전하려는 메시지를 생각하면서 말이지요.

자, 경기가 시작되기 전의 흥분된 분위기를 보세요. 수많은 군중이 대통령의 입장을 기다리는군요. 긴장된 투우사들이 대기 상태에 있군요. 물을 마시기도 하고 담배를 피우기도 하고 앞을 똑바로 응시하고 있군요. 로메로의 퍼렇게 멍든 두 눈과 부풀어 오른 입. 그는 관중석 앞자리에 앉은 브렛에게 자신의 망토를 전달하는군요. 붉은 망토의 펄럭거림과 경기장이 떠나갈 듯한 트럼펫 소리. 대통령 일행이 도착하는군요.

이날 투우와 마주 선 로메로의 모습은 처음부터 끝까지 밀도 있고 시적으로 그려집니다. 이 소설에서 가장 열정적이고 치밀한 묘사들이에요. 읽으면서 우리는 거듭 확인하지 않을 수 없어요. 아, 이런 문장들이 우리의 생각과 감성을 더욱 단단하고 힘있게 만듭니다.

우리는 앞에서 로메로가 '진정한 투우사the real one'라고 묘사된 것을 보았어요. 그것은 헤밍웨이가 지향하는 진정한 예술가의 모습이기도 했어요. 그렇다면 진정한 투우사의 특징은 무엇인가요? 위대함이라고 확실하게 표현되는군요. "페드로 로메로에게는 위대함이 있었다Pedro Romero had the greatness"라는 문장을 보세요. 곧이어 그의 동작의 순결함, 깨끗함이 강조됩니다. 그의 동작에는 기교나 꾸밈이 없어요. 투우에 대한 거짓 미학이 침투하기 시작하는 이 시대에도 그는 흔들리지 않아요. 자신을 관중의 요구와 상업성에 맞추지 않아요. 자, 그래서 그는 오직 자신에게 충실한 경기를 할 수 있습니다. 중요한 것은 그렇게 함으로써 그는 자신을 기쁘게 하고 관중도 기쁘게 한다는 것이지요. 투우에 대한 작가의 철학이 여기 녹아 있어요. 잘 보세요.

■ ■ ■ 페드로 로메로에게는 위대함이 있었다. 그는 투우 경기를 사랑했다. 그리고 나는 그가 소들을 사랑하고 또한 브렛을 사랑한다고 생각했다. 그는 그날 오후 내내 그녀 앞에서 자기가 구사할 수 있는 모든 기술을 동원해 경기를 했다. 그는 단 한 번도 위를 쳐다보지 않았다. 그는 그런 식으로 경기를 더욱 강렬하게 만들었다. 그는 그녀를 위해서만이 아니라 자기 자신을 위해 경기를 했다. 경기가 그녀를 기쁘게 하는지 묻고자 고개를 쳐들지 않았으므로, 그는 그 모든 것을 자신의 내면을 위해서 했다. 그렇게 하는 것이 그를 강하게 만들었다. 그러나 동시에 그는 그녀를 위해 경기를 했다. 그러나 그렇게 하는 것이 자신에게 손실을 가져오지는 않도록 했다. 그는 그날 오후 내내 그렇게 경기를 함으로써 자신에게 득이 되었다. (216)

이날 투우와 마주 선 로메로, 주먹에 얻어맞아 몸은 만신창이가 되었어도 정신은 살아 있는 모습, 위기의 순간에도 의연함을 잃지 않는 그의 모습이 길고 정교하게 묘사됩니다.

이런 순간도 있어요. 로메로는 자기와 마주 선 투우가 색맹임을 알아차려요. 그러나 붉은색을 알아보지 못하는 소는 교체되지 않았고 경기는 계속됩니다. 이때 작가가 강조하는 것은 로메로가 이 상황에 대처하는 모습입니다. 그 예기치 못한 위기 앞에서 로메로는 물러서거나 편법을 쓰지 않아요. 소를 궁지로 몰아가지도 않고 정복의 대상으로 여기지도 않아요. 그는 어느 순간 소에게 말을 걸고 둘이 마주 봐요. 그와 소 사이에 공감이 생기는 것 같아요. 그런 뒤 그는 칼을 박아요.

우리는 묻게 됩니다. 위험 앞에서도 로메로가 깨끗한 투우를 계속하고 기교나 편법을 쓰지 않고 정공법을 유지하는 힘, 그것은 어디서 올까요? 투우사로서의 자부심이 아닐까요? 작가는 로메로의 이런 모습을 통해 자존감을 상실한 제이크 일행에게 최소한의 삶의 지침을 확인시키려는 것이 아닐까요? 로메로의 진정한 투우를 강조함으로써 그들이 배반한 것이 무엇인지, 회복해야 하는 것이 무엇인지를 말하는 것이 아닐까요?

* * *

여러분, 궁금해지지요? 왜 로메로에 대한 묘사가 계속될까요? 반복하지요. 작가는 제이크 일행의 도덕적 공황 상태를 보여준 뒤, 이를 회복하기 위한 방법으로 로메로가 대변하는 진실을 보여주려는 것이지요. 그래서 집요하리만큼 투우의 미학이라 불리는 성찰을 계속하는 것이지요.

작가는 이를 위해 이번에는 은퇴했다가 돌아온 투우사 벨몬테를 등장시킵니다. 전설적인 투우사였던 그가 시간의 흐름 속에서 변질된 모습, 그에 대한 관중의 반응을 통해 투우사와 관중의 관계도 보여줍니다.

벨몬테는 훌륭한 투우사로 존경받으며 은퇴했어요. 그런데 왜 다시 복귀한 것일까요? 이 부분을 주목하세요. 그는 전성기에 위대함을 경험했고 자신의 최상의 상태와 만났어요. 그가 다시 투우 앞에 선 것은 자신이 살아 있음을 느낄 수 있었던 그 순간들과 만나고 싶어서입니다. 또 그는 속임수를 쓰는 투우사들이 유행하는 이 시대에 자신이 다른 투우사들을 제압할 것이라고 생각했어요. 그런데 예기치 않은 일이 생겨요. 로메로가 나타난 것이지요. 로메로로 인해 벨몬테의 복귀는 빛이 바랩니다.

그뿐만이 아니에요. 벨몬테 자신도 더 이상 전성기와 같은 경기를 못합니다. 두려움을 알게 된 그는 기교를 부리게 돼요. 자기가 감당할 수 있는 뿔이 작은 소를 미리 골라요. 그래서 어쩌다 위대한 순간이 오는 것을 감지할 때조차도 그 위대함은 진짜가 되지 못해요. 그에게 이제 살아 있다는 느낌은 찰나적으로만 옵니다. 벨몬테의 변질을 가장 민감하게 알아차리는 것은 관중이에요. 전설적인 그에 대한 관중의 기대가 높았던 만큼 실망도 큽니다. 그를 향해 야유가 쏟아지고 방석이 날아가고 빈 병이 날아갑니다.

변질된 투우사는 진정성을 줄 수 없어요. 그들이 기교를 쓰는 순간 관중은 감동을 느낄 수 없어요. 그들은 삶과 죽음이 교차되는 비극적인 순간을 만날 수 없어요. 그래서 자신들의 삶이 승화될 수 있는 기회를 잃어버리는 것이지요.

자, 벨몬테의 반응을 보세요. 그는 사태를 객관적으로 이해하고 있어요. 그는 한 순간의 살아 있다는 느낌과 만나기 위해 관중의 야유를 감수하는 것 같아요. 그를 이해할 수 있나요? 언제 우리는 살아 있다고 느끼는가요?

제이크 일행과는 상관없는 투우사 벨몬테에 대한 묘사가 대단히 길어요. 거의 세 페이지가 넘어요. 그에 대한 설명을 통해 투우의 과거와 현재, 투우가 직면한 과제와 도전들이 상세하게 설명되고 있어요. 그것 자체로 흥미로운 투우 입문서 같아요.

아, 그래요. 헤밍웨이는 이 소설을 처음에는 투우에 관한 논픽션으로 구상했다고 해요. 그러다가 팜플로나의 투우 축제를 본 뒤 소설로 형식을 바꾼 것이지요. 그래서 초고 집필 당시 이 작품의 제목을 축제를 뜻하는 스페인어 '피에스타'로 정했다는 군요. 1927년 영국에서는 이 소설이 '피에스타'라는 제목으로 출간되었고, 지금도 이 제목을 살려서 '피에스타: 태양은 다시 떠오른다'라는 제목으로 출간하고 있어요. 하여간에 벨몬테에 관한 부분, 빼놓지 말고 반드시 읽기 바랍니다.

무엇보다 벨몬테의 이야기는 현재의 로메로의 소중함과 그의 취약성을 동시에 상기시켜요. 로메로 역시 시간의 변화에 노출되어 있어요. 늙음의 형태로, 예기치 않은 위험으로 기다리고 있어요. 로메로를 보호해야 하는 이유이지요.

이제 제이크가 로메로에게 한 행동이 어떤 의미가 있는지 더욱 분명해집니다. 제이크는 무슨 일을 한 것인가요? 그가 로메로를 브렛과 연결시킨 행위, 그 의미를 제이크가 누구보다 잘 알고 있지 않을까요? 이는 로메로의 위대한 경기가 끝난 뒤 그가 난생처음 만취하는 장면으로 암시될 것입니다.

자, 벨몬테에 대한 설명이 끝난 뒤 이제 로메로의 경기가 관중에게 어떤 감동을 줄 수 있는지 살펴봅시다. 관중은 가짜와 진짜 경기를 구별합니다. 벨몬테를 향해 방석을 던지며 야유했던 관중은 이날 로메로를 통해 어떤 경험을 하게 될까요? 계속합니다.

로메로는 이날 두 눈이 멍들고 입술이 부르트고 온몸이 만신창이가 된 상태예요. 그러나 그는 진실한 경기를 하면서 육신의 고통과 찌꺼기들을 정화시키는 듯해요. 그런 로메로를 보는 관중도 그와 공감하고 그의 경험에 동참해요. 진정한 투우사가 존재한다는 것은 이래서 그가 속한 공동체도 그를 통해 정화되는 경험을 한다는 뜻입니다. 위대한 예술 앞에서 우리가 초월의 순간과 만나는 것처럼 말이지요.

로메로의 진정성을 전달하기 위해 고심하는 헤밍웨이를 보며 그가 전후 혼돈의 시대를 살면서 삶의 진정성에 어떻게 천착해왔는지 짐작하게 됩니다. 투우에 대한 그의 열정을 호사가의 취향으로, 로메로를 완전한 남성의 상징으로 축소하는 것은 작가의 진지한 모색에 대한 예의가 아니지요.

자, 경기는 끝납니다. 로메로를 통한 제이크 일행의 변화 가능성을 헤밍웨이가 어떻게 암시하고 있는지 따라가봅시다. 먼저 로메로의 경기를 보고 난 뒤 제이크의 반응을 봅시다. 얼핏 간과하기 쉬운 제이크의 변화, 이는 나중에 그가 혼자 브렛을 기다리며 바다 속으로 잠수할 때 일어나는 그의 의식 변화로 이어질 것이에요. 그리고 소설의 끝 브렛의 변화와 맞물려 두 인물이 로메로로 인해 도덕적 변화를 겪는 암시로 이어질 것입니다. 보세요.

투우가 끝난 뒤 제이크의 상태가 심상치 않아요. 그는 지독하게 취하는군요. 난생처음이에요. 쿨하고 방관자인 듯한 그의 모습은 간데없어요. 술 취한 제이크는 만사가 지옥 같다고 말해요. 세 번이나 반복해요.

무엇이 지옥 같다는 것일까요? 자신의 실체, 브렛과 자신의 추락, 로메로의 깨끗한 경기와 대비되어, 그는 이런 것들과 적나라하게 마주하게 된 것이 아닐까요? 그래서 독한 압생트를 마셔대는 게 아닐까요?

로메로는 생사가 달려 있는 상황에서도 자존감을 지켰어요. 관중에게 잘 보이려고 기교나 속임수를 쓰지 않았어요. 그는 자신을 존중함으로써 다른 사람을 존중했어요. 투우에 대한 열정을 가진 제이크는 이 모든 것들을 알아보면서 자신의 초라함을 느낀 것일까요? 우리는 언제 문득 자신을 바라보나요? 좋은 사람들 또는 좋은 예술과 만날 때인가요?

이에 대해서도 헤밍웨이는 설명이 없습니다. 그러나 우리는 그가 한밤중 횡설수설하면서도 한 가지 생각을 붙들고 있던 것을 기억해요. 나는 세상에서 어떻게 살아야 하는지 알고 싶다. 그것을 알게 된다면 이 모든 것이 무엇에 관한 것인지도 알 수 있을 것이다. 무슨 뜻인가요? 제이크는 자신의 삶이 처하게 된 혼란 속에서도 하여간에 포기하지는 않을 것이라는 뜻인가요? 그가 자신과 고통스럽게 마주한 것이 그런 가능성인가요?

그래요. 이날 그의 상태는 바닥을 쳐요. 더 이상 내려갈 곳이 없어요. 그런 뒤 그는 취한 상태에서 깨어나요. 자신을 추스리고 아래층으로 내려가요. 남아 있는 일행들, 빌과 마이크와 함께 앉았을 때 그는 딴사람처럼 보여요.

작가는 제이크의 의식에 미세하게 변화가 일어나고 있다는 것을 이런 식으로 보여주고 있습니다. 앞으로 이런 변화는 여전히 대단히 느리게, 분명하게 계속될 것이에요. 그리고 이는 그와 브렛의 관계에 변화가 올 것임을 암시하는 방식이지요. 반복되는 그들의 자학적인 관계에 출구가 생길 것임을 뜻하는 것이지요.

자, 2부가 끝납니다. 많은 일들이 축제 기간에 일어났어요. 와인과 춤과 음악들, 질주하는 군중, 달리는 투우들, 어떤 이들은 밟히고 어떤 이는 소의 뿔에 받쳐 죽어요. 피의 제물을 바치는 것 같기도 했어요. 축제는 끝나고 브렛과 로메로는 함께 떠나요. 남은 일행들도 뿔뿔이 흩어질 것이에요. 우리가 기억할 것은 제이크의 변화에 대한 암시예요. 여기까지 여러분, 함께 오고 있나요? 이제 3부의 마지막 장이 기다리고 있어요. 작가가 전달할 중요한 메시지가 거기 남아 있습니다.

The Sun
Also Rises

제10강

마지막 3부는 한 장으로 되어 있는데, 내용은 단순해요. 제이크는 로메로와 떠난 브렛의 소식을 기다리고 있어요. 그동안 그의 단조로운 일과가 계속됩니다. 브렛에게서 전보가 오고, 그는 브렛이 묵고 있는 마드리드의 호텔로 가요. 두 사람이 대화를 나눠요. 이게 다예요. 심심하지요? 그런데 이 속에 소설의 주제가 압축되어 있어요. 그래서 이 마지막 장을 차분하게 읽고 생각해야 해요. 중요한 부분을 놓칠 수 없습니다. 이 강의는 두 부분으로 나누어져요. 하나는 브렛에게 소식 오기를 기다리는 동안의 제이크 내면의 미세한 움직임에 대해서이고, 또 하나는 다시 만난 제이크와 브렛의 대화 내용이에요. 헤밍웨이가 우리에게 전달하는 내용을 이때 확인할 것입니다.

보세요. 왜 제이크는 다시 브렛의 소식을 기다리게 되었나요? 그 이유에 대해서는 명확한 설명이 없어요. 아무것도 예측할 수 없는 상태에서 스페인으로 다시 돌아가는 자신이 바보 같다는 스쳐가는 언급이 있을 뿐이에요. 그러나 독자는 이유를 짐작해요. 마이크와 빌과 제이크가 헤어지기 전 술을 마시다가 제이크는 알게 돼요. 브렛이 가진 돈을 전부 마이크에게 주고 빈손으로 떠났군요.

무심하게 돈에 관한 이야기가 이어지는데 제이크는 이 사실을 거듭 확인합니다. 그래요. 그가 일정을 바꿔 산세바스티안으로 돌아간 것은 빈손으로 떠난 브렛이 도움을 청해올지 모른다고 생각했기 때문이지요. 지금까지 그래왔으니까요. 그래서 3부의 대부분이 브렛의 소식을 기다리는 제이크의 내면에 관한 것이에요. 그의 의식의 움직임을 담담하고 상세하게 따라가고 있어요. 그만큼 이 부분을 강조하는 것이지요.

생각해봅시다. 그들의 관계가 다시 계속되는 걸까요? 그들이 고통스러운 관계에서 벗어나기 위해서는 변화가 필요합니다. 우리는 브렛의 소식을 기다리는 제이크에게서 그 변화의 조짐을 발견해야 해요. 단조롭게 반복되는 그의 행동에서 물 흐르듯 움직이는 의식의 변화를 감지해야 합니다. 작가의 건조한 묘사 아래 숨어 있는 의미를 발견하는 것이지요.

보세요. 그는 호텔방에 들어와 짐을 풀고 침대 옆 탁자에 책과 세면도구를 꺼내놓고 옷을 걸고 세탁거리를 뭉쳐요. 샤워를 하고 식당으로 가요. 두 개의 전보를 보내요. 하나는 몬토야의 호텔로. 다른 하나는 파리의 사무실로. 앞으로 6일 동안 그에게 오는 전보를 이곳으로 회송하라는 내용이에요.

그는 호텔을 나와 거리를 지나 바닷가에 도착해요. 멀리 헤엄쳐 나가요. 때로는 아래로 깊게 다이빙을 해요. 다시 뗏목 위에 올라가 햇빛에 몸을 말리기도 해요. 해변에는 팔이 하나뿐이 상이군인이 앉아 있고 구두닦이들이 그에게 말을 걸고 있어요. 이런 문장은 무심하게, 마치 작은 돌이 모래 위에 있었다, 하는 식으로 슬쩍 끼어들어요. 그러면서 팔 하나를 잃은 병사와 전쟁으로 성불구가 된 제이크의 상황이 오버랩됩니다.

계속 보세요. 제이크는 카페 테라스에 앉아 시원한 바람을 맞으며 레몬주스와 위스키를 마셔요. 오랫동안 책을 읽다가 사람들을 쳐다보고 음악을 들어요. 호텔에 돌아와 저녁을 먹어요. 이튿날 아침, 다시 수영복을 챙겨들고 어제 갔던 해변가로 나가요. 물속으로 들어가요.

■ ■ ■ 그런 뒤 나는 여러 번 물속으로 잠수했다. 한 번은 깊게 잠수하여 바닥까지 헤엄쳐 내려갔다. 나는 두 눈을 뜨고 헤엄쳤고 바닷속은 푸르고 어두웠다. 돛단배가 어두운 그림자를 만들었다. 나는 돛단배 옆 수면 위로 솟구쳤다가 다시 잠수하여 한동안 머물다가 다시 해변

으로 헤엄쳐 나왔다. (235)

헤밍웨이는 브렛을 기다리며 제이크가 거쳐 가는 감정 상태를 직설적으로 묘사하지 않아요. 단지 이렇게 반복되는 그의 행동을 보여줘요. 이런 단순한 묘사가 계속되면 어떤 효과를 낼까요? 제이크의 어떤 마음 상태를 나타내는 듯하나요? 그는 무아 상태에서 움직이는 듯해요. 아무 생각도 감정도 없이 물속에서 너울거리는 듯해요. 그러면서 그의 몸속에, 마음속에 응어리진 것들이 물속으로 흘러가버리는 듯해요. 여러분, 이런 상태, 아시지요?

제이크의 마음속에는 어떤 생각들이 흐르고 있을까요? 당연히 그의 의식과 무의식을 넘나드는 것은 브렛과의 일들이겠지요. 술집, 카페, 레스토랑, 한밤중 술 취한 브렛의 등장. 그 와중에서 그의 평온을 지켜준 것은 일에 대한 몰두였지요. 그리고 스페인에서 있었던 일. 자신이 브렛을 위해 뚜쟁이가 된 것. 로메로의 순수와 열정, 그에 대한 몬토야의 신뢰. 그런데 그는 배반했어요. 자신에 대한 혐오. 로버트의 주먹다짐과 퇴장. 그는 얻어맞은 뒤 평온을 느꼈지요. 자신이 저지른 잘못 때문에 벌을 선 것처럼 말이지요.

브렛의 소식을 기다리며 제이크는 마치 물속의 정화의식을 치르는 듯하는군요. 그런데 말이지요. 인물들의 내면의 변화가 있을 때 반전이 될 만한 사건들이 일어나지요. 대개 그래요. 그러나 제이크의 경우, 극적인 사건 대신 그가 혼자 보내는 단조로운 시간들에 대한 묘사가 계속돼요. 흐릿한 스케치처럼 윤곽만 보이는 듯해요.

헤밍웨이의 의도는 무엇일까요? 여기서도 작가는 말을 아끼고, 감정을 절제하면서 대신 독자가 개입할 여지를 주는 것이지요. 많은 것을 생략하는 그의 서술 원칙을 상기하면서 독자는 앞으로 제이크와 브렛의 관계에 변화가 올지 모른다고 생각하게 되는 것이지요.

그래요. 브렛의 소식을 기다리며 제이크는 마치 브렛을 로메로와 연결시킨 일에 대한 마무리를 하는 것 같군요. 일종의 책임의식이라고 할까요. 자존감과도 연결되는 것이지요.

브렛의 전보가 왔군요. 제이크의 예상대로 도움을 청하는군요. "마드리드의 호텔 몬타나로 와주기 바람. 어려움이 생겼음. 브렛." 자, 우리는 이제부터 전보를 받은 직후부터 제이크의 생각과 행동에 찬찬히 주의를 기울일 것이에요.

그는 먼저 마드리드행 야간 급행열차를 예약해요. 곧 이어지는 이런 문장을 보세요. "자, 성 세바스찬도 다 끝장났다는 소리지Well, that meant San Sebastian all shot to hell. 난 막연하게 이런 일을 예상하고 있기는 했어." 그리고 브렛에게 전보를 친 뒤 생각해요. '여자를 한 남자와 떠나보내더니, 그 여자를 또 다른 남자에게 소개해서 둘이 달아나게 하더니, 흥, 다시 그녀를 데리러 간다, 이거군. 뭐 괜찮아.' 어떠세요? 자기를 조롱하듯 또는 체념한 듯 들리는군요.

생각해봅시다. 제이크가 기차를 예약한 뒤 떠올린 성 세바스찬은 누구인가요? 그의 이름이 이때 언급된 것은 제이크의 어떤 상태를 나타낼까요?

성 세바스찬은 로마제국 황제 디오클레티아누스(재위 284-305)의 근위병으로서 기독교 신자였다고 해요. 당시 기독교는 공인되지 않았지요. 그는 형장으로 끌려가는 기독교인들을 격려한 죄로 사형선고를 받고 나무기둥에 묶인 채 화살을 맞았어요. 그러나 기적적으로 살아나 황제에게 기독교를 전하다가 순교했다고 전해져요.

자, 그에 대한 많은 그림들 중에서 이런 모습을 상상해보세요. 성 세바스찬은 나무기둥에 밧줄로 칭칭 묶여 있어요. 사방에서 날아오는 화살을 맞고 있어요. 그러나 그는 주저앉지 않아요. 하늘을 우러러봐요. 후세 사람들이 그를 성자로 믿는 이유입니다.

제이크가 브렛에게 전보를 치며 이 성자를 떠올린 것을 어떻게 해석할까요? 브렛에게 다시 가는 자신을 밧줄에 묶여 화살을 맞는 상태에 있다고 보는 것일까요? 그러나 그림 속의 인물은 고통 속에서 주저앉지 않아요. 그렇다면 제이크 역시 앞으로는 자신의 절망적인 상황에 머물지 않을 것이라는 암시일까요? 제이크가 브렛에게 가지만, 지금부터는 자신을 방기하지 않을 것이라는, 그런 해석이 가능할까요? 독자는 여기서 모호하지만 이런 암시를 읽어낼 수 있습니다. 좀더 보세요.

그는 자신의 상황을 객관적으로 보고 있어요. 브렛과의 관계는 여전히 고통스러울 것이지만, 스페인 이전과는 다르겠지요. 그런 의미에서 그가 성 세바스찬을 자조하듯 떠올리는 이 장면은 전환점이 될 수도 있겠다는 기대를 하게 됩니다.

작가는 이렇게 제이크가 브렛을 만나기 전에 그의 내면을 보여주는군요. 그와 브렛의 관계가 변할 것이라는 암시를 하는군요. 이는 그가 브렛을 만나면서 확인돼요. 제이크를 만난 브렛 또한 달라진 듯해요. 그녀는 로메로와의 만남으로 자신이 변했다고 말합니다.

지금부터 끝까지는 제이크와 브렛이 다시 만난 이후를 다루고 있어요. 대단히 간단해요. 어떤 사건도 없어요. 브렛은 로메로와 헤어졌다고 제이크에게 말할 뿐이에요. 그러나 이 마지막 부분에 길 잃은 세대에 대한 헤밍웨이의 성찰과 이들을 위한 제언이 담겨 있어요. 그것은 미묘하게 감지되는 제이크의 변화를 통해, 그리고 지금까지와는 다른 브렛의 모습, 그녀가 하는 말을 통해 전달돼요. 자세히 보세요.

제이크는 브렛 혼자 그를 기다리고 있는 마드리드의 호텔에 도착해요. 그런 뒤 두 사람은 호텔의 바에서, 레스토랑에서, 택시 안에서, 계속 대화를 나눕니다. 그래요. 그들은 여전히 길 위에 있어요. 작가는 처음부터 두 사람의 불안정한 관계를 공간을 배회하는 그들의 행로를 통해 보여주었지요.

자, 브렛이 제이크에게 하는 말에 주목합시다. 그녀는 말하면서 몸을 떨고 울기도 합니다. 처음 보는 그녀의 모습이에요. 그녀는 늘 쾌활하고 생기 있었어요. 야전병원 간호사의 힘든 경험도, 첫사랑을 잃은 경험도, 현재의 혼돈스러운 삶도, 그녀에게 흔적을 남기지 않은 듯했었지요. 아니 우리는 압니다. 그녀의 쾌활함은 어두운 경험에 대처하는 방식이기도 했었지요.

우리도 궁금하지요? 로메로와 함께 떠났는데, 무슨 일이 일어났는가? 그녀의 말을 통해 알게 돼요. 로메로는 잠깐 동안이지만 자기 나라 사람들 앞에서 그녀를 부끄러워했군요. 그녀가 머리를 길게 기르기를 원했군요. 또 그녀가 떠나지 못하도록 그녀와 결혼하고 싶어했군요. 그러나 브렛은 떠나지 않으려는 로메로를 돌려보냈군요. 왜 그랬나요? 브렛은 말하는군요. 서른네 살의 그녀는 젊은 그를 타락시키는 나쁜 여자가 되고 싶지 않았다고 합니다. 그러면서 그런 결정을 내린 자신이 자랑스럽다고 하는군요.

브렛의 말에 주목합시다. 제이크는 늘 그래왔듯이 여기서도 짤막하게 가볍게 대답할 뿐입니다.

■ ■ ■ "있잖아. 처음에는 믿기지가 않았어. 그는 1905년에 태어났어. 난 그 때 파리에서 학교를 다니고 있었지. 그걸 생각해봐."

"내가 특히 뭘 생각하기를 원해?"

"있잖아, 그는 전에 여자를 겨우 두 명만 알았대. 투우 외에는 아무것도 좋아한 적이 없었대."

"그에게 시간은 많았는데."

"그는 그게 나를 위한 거라고 생각해."

"그래. 당신이지."

"그래. 나야."

"난 그냥 얘기하는 거야. 있잖아, 난 기분이 아주 좋아, 제이크."

"그래야지."

"있잖아, 나쁜 여자가 되지 않기로 결정한 것이 날 기분 좋게 해."

"그래."

"그건 우리가 신神 대신 갖게 된 것이지."

"어떤 이들에게는 신은 있어. 그런 이들, 아주 많아."

"신은 나와는 절대 잘 맞지 않았어." (245)

생각나지요? 브렛은 제이크에게 로메로와 연결시켜달라고 애걸하며 말했었지요. "난 자존심 같은 거 없어. 나도 날 어쩔 수 없어." 또 성당에 들어가 로메로를 위해 기도하려 했지만, 그냥 나오면서 말했었지요. "나와 기도는 잘 맞지 않는 것 같아." 그런데 브렛은 로메로를 설득하여 떠나보냈군요. 로메로를 위해, 자신이 그를 타락시키는 나쁜 여자가 되지 않기 위해서라고 말하는군요. 다시 반복할까요?

브렛은 자발적인 선택으로 로메로를 원래 그의 자리로, 진정한 투우사의 자리로 돌아가게 했고, 그렇게 함으로써 잃어버렸던 자기 존중감을 다시 찾았다고 합니다.

그런데 말이지요, 이 장면에서 브렛의 모습이 인상적이지 않나요? 제이크에게 말하면서 내내 떨며 울기도 하는 모습, 지금까지 브렛은 제이크를 제외하고는 누구와도 진정으로 만나는 것 같지 않았어요. 그러면서 방황했어요. 로메로를 만날 때에도 충동 때문에 자존심도 내던졌다고 말했었지요. 그런데 지금 로메로를 떠나보낸 자신이 자랑스럽다고 하면서 몸을 떨며 울기도 해요.

우리가 처음 보는 그녀의 이런 모습은 로메로에 대해 그녀가 진실했다는 표시일까요? 그녀의 변화, 자존감의 회복도 여기서 오는 것일까요? "내가 아직 젊고 약했을 때young and vulnerable", 『위대한 개츠비』에서 도덕적인 성숙을 거쳐 가는 화자가 맨 처음 했던 이 말이 생각나는군요.

이제 헤밍웨이가 인물들을 스페인으로 이동시킨 이유가 분명해지는 듯합니다. 여전히 자연과 종교와 인간이 공존하는 곳, 이런 공동체에 뿌리를 내린 로메로를 만나면서 인물들의 변화가 일어나니까요. 무엇보다 로메로와의 만남으로 브렛은 더 이상 나쁜 여자가 되지 않겠다고 말하고 있으니까요.

자, 이렇게 제이크와 브렛은 자존감을 회복한 인물들로 그려집니다. 그리고 그들의 대화에 나타나듯이 자존감이란 신 대신 그들이 붙들어야 할 정신적 지주라고 작가는 말하고 있습니다.

이제 마지막 장면을 보세요. 이 장면은 소설의 끝이라고 하기에는 단조로워요. 인물들의 변화를 보여주는 뚜렷한 단서도 보이지 않아요. 작가는 끝까지 자신의 스타일을 고수하는군요. 자, 보세요. 우리, 기억하지요? 소설이 진행되는 동안 제이크와 브렛은 늘 둘이 방 안에 있는 것을 피해왔고, 이는 제이크의 성적 불구를 암시하는 장치로 사용되었지요. 이 장면에서도 호텔 바를 나온 두 사람은 택시 안에 있어요. 무덥고 환한 마드리드 거리를 택시가 달리기 시작하자 브렛은 말합니다. "아, 제이크, 우리 둘이 정말 멋진 시간을 가질 수 있었을 텐데." "그러게. 생각만 해도 멋지지 않아?"

두 사람이 거쳐 온 상황을 아는 독자들에게 브렛의 이 말이 어떻게 들리나요? 전쟁이 없었다면, 전쟁의 상처가 없었다면, 우리 두 사람은 함께 행복했을 텐데…. 그래요. 이 말들은 소망사항일 뿐이지요.

제이크의 대답은 이 느낌을 더욱 강조하는 듯해요. "그러게 말이야. 생각만 해도 멋지지 않아?" 즉흥적인 듯한 그의 이 말은 뭐랄까, 브렛과의 관계에 대한 그의 깨달음을 순간적으로 전달하는 듯해요. 그래요. 전쟁에서 상실된 것은 되찾을 수 없어요. 돌이킬 수 없어요. 앞에 있는 것은 그들의 현재 상황뿐입니다. 이 현재 속에서 두 사람은 각자 어렵게 회복한 자기 존엄성을 붙들어야 하는 것이지요. 그래서 그들은 지금까지와는 다른 시작을 앞두고 있습니다. 그렇게 보여요.

이런 의미에서 '태양은 다시 떠오른다'라는 이 소설의 제목은 깊은 이해를 필요로 합니다. 이 제목이 어디서 왔는지 아시지요? 구약의 「전도서」 1장은 "모든 것이 헛되도다"라는 전도자의 말로 시작되고, 모든 것은 반복되고 모든 것은 의미 없다는 말이 이어집니다. "한 세대가 가고 다른 세대가 오지만 이 땅은 영원히 남아 있으며 해는 늘 떴다가 지고 다시 그 떴던 곳으로 급히 돌아간다. 바람은 남쪽으로 불다가 다시 북쪽으로 돌이키며 이리저리 돌다가 다시 원래 불어왔던 대로 돌아간다. 모든 강물은 바다로 흘러가지만 바다는 가득 차지 않고 흘러나왔던 그곳으로 다시 돌아간다"(「전도서」, 1장 4-7절).

이렇게 시작해서 「전도서」의 화자는 부귀영화의 부질없음을 나열한 뒤 신의 존재를 말해요. 그렇다면 헤밍웨이는 무엇을 말하려는 것일까요? 그래요. 「전도서」에 나타난 비극적인 정서는 전후 세대의 절망과 연결시켜 이해할 수 있어요. 그렇다 해도 지금까지 살펴본 대로 절망은 계속될 수 없고 제이크와 브렛의 방황도 계속되어서는 안 되는 것이지요. 그들은 신이 사라진 세계에서 신 대신 자신들을 지탱해줄 좌표를 찾은 것처럼 보이니까요. 자기 존엄성의 회복, 그들이 어렵게 도달한 결론인 것 같아요.

이 소설은 방황하는 세대의 자화상이기는 하지만 허무적인 어조로 끝나지 않아요. 불모의 땅을 헤매던 인물들이 환상 없이 자신을 붙들고 다시 삶을 마주하니까요. 새로운 태양이 매일 떠오르는 것처럼 말이지요.

The Sun Also Rises

강의를 마치며

자 여러분, 소설을 다 끝내고 책을 덮고 앉아 그냥 생각해보세요. 어떤 느낌들이 드는지, 어떤 장면들이 떠오르는지 보세요.

그래요. 소설이 크게 두 개의 공간으로 나눠지지요? 먼저 어둡고 흐릿한 화면이 떠오르네요. 초미세먼지로 뒤덮인 도시 같아요. 그림자처럼 인물들이 움직이는군요. 제이크 반즈, 수동적인 방관자로 그려지는 그는 파리에서 활동하는 미국인 신문기자예요. 브렛을 사랑해요. 그래요. 이들은 길 잃은 사람들이에요. 믿고 의지할 지주가 없고 돌아갈 집도 고향도 없어요.

제이크의 부상이 성불구로 암시되는 것은 의미심장해요. 역사와 진보의 주역, 동시에 침략과 정복의 주역이기도 했던 남성들이 더 이상 능동적인 역할을 하기 어렵다는 의미이지요. 남성들이 주체성을 상실할 때 여성들은 어떤가요? 브렛은 일견 해방된 여성으로 보이지만 심리적 · 정서적으로는 불안해요. 이래서 제이크와 브렛의 절망적인 관계는 전후 서구 사회의 황무지 상태를 나타냅니다.

또 다른 화면이 떠오르네요. 화려한 색채와 역동적 움직임으로 가득하군요. 가죽 주머니에 포도주를 담아 돌려가며 마시는 사람들, 강에서 펄쩍거리는 송어들, 마을의 성당, 북소리와 피리소리에 맞춰 군무를 추는 남자들, 작열하는 태양, 투우사들, 함성들…. 온 화면에 찬란한 생명력이 가득하군요.

헤밍웨이는 왜 제이크 일행을 축제 기간 동안의 스페인으로 이동시켰나요? 그곳에서 그들은 무엇을 하나요? 헤밍웨이에게 스페인은 서구인들이 상실한 원초적인 고향과 같은 곳이었다고 하는군요. 이 소설에 나타난 것처럼, 그곳은 진보와 자본, 기술 문명이 본격적으로 들어오기 이전의 공간, 그러니까 인간과 자연이 공존하고 신에 대한 경외감이 여전히 살아 있는 곳이에요.

무엇보다 그곳은 이성과 합리성이 삶을 지배하지 않아요. 침묵과 직관이 살아 있어요. 그곳의 삶 속에는 언어만으로 표현될 수 없는 영적이고 초월적인 영역이 살아 있다는 뜻이지요. 그래요. 지금처럼 관광이 일반화되기 이전의 1920년대, 스페인을 비롯한 쿠바나 아프리카에 대한 헤밍웨이의 애정은 전후 서구 문명에 대한 그의 환멸과 이어져 있어요. 그래서 제이크 일행을 통해 스페인에서 그가 추구하는 것은 시장과 기계가 지배하기 이전의 공동체, 그 안에 남아 있는 삶의 진정성입니다. 그것은 젊은 투우사 로메로를 통해 제시되고 있지요.

우리는 보았어요. 로메로와 비교할 때 뿌리 없는 제이크 일행의 삶은 암울해요. 그들에게는 로메로를 지켜주는 공동체도, 그가 가진 긍지와 의연함도 없어요. 브렛은 로메로에게 반하고 제이크는 브렛을 로메로와 연결시킴으로써 자신과 스페인 문화의 파수꾼 몬토야를 배반해요. 그래요. 이들 길 잃고 헤매는 인물들의 특징은 자존감의 상실로 나타나요. 그들에게는 자신에 대한 자긍심도 타자에 대한 배려도 보이지 않아요.

헤밍웨이는 무엇을 말하려고 하나요? 그래요. 그는 로메로가 대변하는 공동체, 그 문화와 정신을 이들 방황하는 인물들을 변화시킬 가능성으로 보았어요. 로메로와의 만남으로 제이크는 바닥을 친 자신의 실체를 보고 변화의 계기를 갖게 돼요. 작가는 무엇보다 브렛의 변화를 강조해요. 충동적이고 자신의 삶을 조절할 능력이 없었던 브렛은 로메로를 통해 자제력을 되찾아요.

이것이 작가가 이 소설에서 강조하는 메시지입니다. 전후 기존 규범이 흔들리고 무엇보다 신이 사라진 시대에 인간을 지켜

줄 수 있는 것은 각자의 존엄성이라는 것이지요. 거기서 삶이 다시 시작된다는 것이지요.

여러분 생각은 어떠세요? 집과 고향을 잃은 사람들이 스스로 자기 삶을 관장할 능력, 자존감을 지켜야 한다는 제안이 공허하게 들리나요? 공동체가 대변하는 것들, 교회와 학교와 가족, 이들과의 공존, 자제력, 체면, 이런 것들이 무력해진 시대에 개인이 온전히 자신의 책임을 져야 하는 것이 글쎄요, 너무 무겁고 위태롭게 느껴지기도 합니다. 그러나 말이지요, 현대인은 삭사 자기의 십자가를 지고 가는 사람들인지 몰라요. 헤밍웨이는 이 사실을 분명하게 깨달았던 것 같아요.

『노인과 바다』, 여러분도 잘 아시지요? 노벨문학상을 수상했고, 세 번씩이나 영화로 만들어진, 이 시대의 고전으로 인정받는 소설이지요. 이 짧은 소설의 줄거리는 너무도 간단해요. 늙은 어부 산티아고는 84일 동안 고기 한 마리 잡지 못했어요. 그를 이루는 모든 것들은 늙음과 불운을 상징하듯, 상처 나고 구부러지고 얼룩졌어요. 밀가루 포대로 덕지덕지 기운 그의 돛대는 영원한 패배의 깃발로 보였어요. 그럼에도 불구하고 그는 승복하지 않아요. 바다 색깔을 한 그의 쾌활한 두 눈은 패배를 거부해요.

그 때문일 거예요. 그가 홀로 먼 바다로 나가 엄청난 고기를 잡을 수 있었던 것은. 사흘 낮과 밤 내내 풍랑과 고독, 배고픔

속에서 상어 떼와 사투를 벌이고 이겨낼 수 있었던 것은 그가 거듭되는 불운에 좌절하지 않았기 때문일 거예요. 작가는 그렇게 강조하고 있어요.

그는 망망대해에서 야구선수 디마지오를 생각해요. 아프리카의 이른 아침 해안에서 놀던 어린 사자들을 떠올려요. 자기를 믿어주고 신문과 커피를 가져다주는 어린 소년을 기억해요. 낚시를 물고도 의연함을 잃지 않는 자기가 잡은 큰 물고기를 향해 연민과 형제애, 경외감을 느껴요. 그러고 보니 이 늙은 어부를 바다의 시련에서 지켜준 것은 이 기억들이에요. 그가 만난 생명들과의 연대감이에요.

그는 한밤중 형체만 남은 물고기와 함께 해변으로 돌아와요. 기진맥진하여 돛대를 어깨에 메고 언덕을 오릅니다. 몇 번씩 넘어지고 다시 일어나면서 오두막으로 돌아와요. 그는 얼굴을 바닥에 대고 두 팔을 양쪽으로 뻗은 채 깊은 잠속으로 빠져듭니다.

그래요. 이 길지 않은 소설의 생명력이 어디서 오는지 여러분도 잘 알 거예요. 낡은 돛대를 어깨에 메고 힘겹게 언덕을 오르는 늙은 어부 산티아고, 자기 삶의 십자가를 끝까지 홀로 감내해내는 인간의 모습입니다. 그는 용기와 긍지의 상징이지만 동시에 삶의 취약성을 집약하여 나타내는 인물이에요. 늙음, 가난, 고독, 불운. 그러나 그는 의연하게 이를 온몸으로 받아들여요. 그것이 그의 존엄성이에요.

산티아고의 의연함은 지금까지 우리가 살펴본 젊은 투우사 로메로의 진정성과도 연결되어 있어요. 그렇다면 말이지요, 로메로를 통해 어렵게 변화하고 있는 브렛과 제이크와도 궁극적으로는 이어져 있지 않을까요? 그렇다면, 길 잃은 인물들에게 제시하는 작가의 메시지, 자존감의 회복이 공허하게 들리지 않습니다. 오히려 기존 가치와 질서에 대한 환상 없이 자신들과 마주 선 인물들이 설득력 있어 보입니다.

자, 이 복잡하고 모호하고 매력적인 소설을 우리가 함께 읽어낸 것을 축하합시다. 안녕.

The Sun
Also Rises

작가 연보

1899 미국 일리노이 주 시카고 교외의 오크파크, 의사인 클래런스 헤밍웨이 박사와 가수이자 음악 교사인 그레이스 헤밍웨이의 여섯 자녀 중 둘째로 출생.

1916 고등학교 문학잡지인 『타불라Tabula』에 처음으로 단편 기고하여 출간.

1917 고등학교를 졸업하고 대학 진학 대신 『캔자스시티 스타Kansas City Star』에 수습기자로 취직.

1918 1차 대전에 참전하기 위해 미 육군에 자원하지만 권투 연습 중 다친 시력 때문에 입대가 거부됨. 미국 적십자사 구급차 운전병으로 지원, 이탈리아 전선에 투입됨. 이탈리아에서 적의 포격으로 부상을 입음. 이탈리아 정부로부터 무공훈장을 받음. 밀라노 육군병원에 입원 중 여섯 살 연상의 미국인 간호장교 아그네스 폰 쿠로스키를 만나 사랑에

빠짐.

1919 아그네스에게 청혼하나 나이가 너무 어리다는 이유로 거절당하고 미국으로 돌아옴.

1921 해들리 리처드슨Hadley Richardson과 결혼. 셔우드 앤더슨이 파리에 사는 미국 작가 거투르드 스타인에게 소개장을 써줌.

파리에서 『토론토 스타Toronto Star』지의 기자 및 해외특파원으로 기사를 쓰면서 독특한 하드보일드 문체를 연마하기 시작. 파리의 미국인 망명 작가 및 유럽 작가들과 교류하며 습작에 몰두.

1922 12월에 해들리가 리옹 역에서 헤밍웨이의 미출간 소설 원고 전부를 담은 가방을 잃어버림.

1923 스페인 팜플로나에서 처음으로 투우를 관람. 아들 존 해들리John Hadley 출생. 『3편의 단편과 10편의 시Three Stories and Ten Poems』를 파리에서 한정판으로 출간.

1924 포드 매덕스 포드Ford Madox Ford를 도와 『트랜스아틀랜틱 리뷰transatlantic review』지를 편집. 여기에 「인디언 캠프Indian Camp」과 다른 초기 단편들을 실음. 단편집 『우리 시대에In Our Times』를 파리에서 출간.

1925 스콧 피츠제럴드와 친구가 됨. 『우리 시대에』 증보판을 미국의 보니 앤드 라이브라이트 사에서 출간.

1926 스콧 피츠제럴드의 소개로 미국의 유수 출판사 스크리브너 사에서 『봄의 계류The Torrents of Spring』 출간. 『태양은 다시 떠오른다The Sun Also Rises』 출간. 이후 헤밍웨이의

모든 작품은 이 출판사에서 출간됨.
아내 해들리와 두 번째 아내가 될 폴린 파이퍼와 함께 스페인의 팜플로나를 여행함.

1927 해들리 리처드슨과 이혼하고 파리 『보그』지에서 일하던 패션작가 폴린 파이퍼와 결혼. 『스크리브너스』지에 「살인자들The Killers」 발표. 단편집 『남자들만의 세계Men without Women』 출간.

1928 파리를 떠나 미국 플로리다 주 키웨스트로 이주. 이후 1950년대까지 이곳에서 주요 작품들 집필. 둘째 아들 패트릭 헤밍웨이 출생. 아버지 클래런스 헤밍웨이가 권총 자살함.

1929 『무기여 잘 있거라A Farewell to Arms』 출간. 상업적으로 성공한 그의 첫 번째 작품이 됨.

1931 셋째 아들 그레고리 핸콕 헤밍웨이 출생.

1932 투우를 소재로 한 논픽션 『오후의 죽음Death in the Afternoon』 출간.

1933 『승자에게는 아무것도 주지 마라Winner Take Nothing』 출간. 두 달간 아프리카를 여행함.

1935 아프리카 사파리에 관한 에세이집 『아프리카의 푸른 언덕The Green Hills of Africa』 출간.

1936 「킬리만자로의 눈The Snow of Kilimanjaro」, 「프랜시스 매코머의 짧고 행복한 생애The Short Happy Life of Francis Macomber」 발표.

1937 『가진 자와 못 가진 자To Have and Have Not』 출간.

NANA(North America Newspaper Alliance) 특파원으로 스페인 내전 취재. 공화정부 진영을 위해 저술과 강연으로 모금 활동.

1938 『제5열과 최초의 49단편The Fifth Column and the First Forty-Nine Stories』 출간.

1939 쿠바 아바나 교외에 저택을 구입하고 그곳으로 이주함.

1940 『제5열』이 브로드웨이에서 연극으로 공연됨.

폴린 파이퍼와 이혼하고 작가이자 신문기자인 마사 겔혼과 결혼. 『누구를 위하여 종은 울리나For Whom the Bell Tolls』 출간.

1942 2차 대전 중 미 해군에 사원. 자신의 보트 '필라' 호로 쿠바 해안에서 독일 잠수함을 수색하지만 한 척도 발견하지 못함. 전쟁 이야기를 모은 『싸우는 사람들Men at War』을 편집하고 서문을 씀.

1943 신문 및 잡지 특파원으로 유럽 전쟁 취재 시작.

1944 연합군의 노르망디 상륙작전과 독일 진격 등을 『콜리어Collier』지 특파원으로 취재. 파리 입성에도 참가.

1945 마사 겔혼과 이혼.

1946 메리 웰시와 네 번째 결혼. 쿠바와 미국 아이다호 주 캐첨에서 살기 시작함.

1947 2차 대전 중 독일 잠수함 수색에 공헌한 것을 인정받아 미국 정부로부터 훈장 받음.

1950 『강을 건너 숲속으로Across the River and Into the Trees』 출간.

1951 어머니 그레이스 헤밍웨이 사망.

1952 『노인과 바다The Old Man and the Sea』를 『라이프』지에 발표하고 단행본으로 출간.

1953 『노인과 바다』로 퓰리처상 수상. 두 번째 아프리카 여행을 떠남.

1954 노벨문학상 수상.

1960 쿠바를 떠나 미국 아이다호 주에 정착함.

1961 알코올중독증, 우울증 등으로 고통받다가 7월 2일 아이다호 주 캐첨의 자택에서 엽총 자살함.

1964 유작 『움직이는 축제A Moveable Feast』 출간.

1970 유작 『멕시코 만류의 섬들Islands in the Stream』 출간.

1972 유작 『닉 애덤스 이야기Nick Adams Stories』 출간.

1974 『영원한 헤밍웨이The Enduring Hemingway』 출간.

1977 유작 『88편의 시88 Poems』 출간.

1985 유작 『위험한 여름The Dangerous Summer』 출간.

1986 유작 『에덴동산The Garden of Eden』 출간.

1987 『어니스트 헤밍웨이 단편전집The Complete Short Stories of Ernest Hemingway』 출간.

1999 허구적 자서전 『여명의 진실True at First Light』 출간.

서숙 교수의 영미소설 특강 6

태양은 다시 떠오른다

펴낸날 초판 1쇄 2015년 4월 27일 | **지은이** 서숙

펴낸이 김훈순 | **펴낸곳** 이화여자대학교출판부
주소 서울특별시 서대문구 이화여대길 52(우 03760)
등록 1954년 7월 6일 제9-61호
전화 02) 3277-2965(편집) 02)362-6076(마케팅)
팩스 02) 312-4312
전자우편 press@ewha.ac.kr | **홈페이지** www.ewhapress.com
책임편집 이혜지 | **디자인** 정혜진 | **찍은곳** 한영문화사

ISBN 979-11-85909-27-1 04840
ISBN 978-89-7300-855-1 (세트)

값 9,000원

* 잘못된 책은 바꾸어 드립니다.

이 도서의 국립중앙도서관 출판예정도서목록(CIP)은 서지정보유통지원시스템 홈페이지(http://seoji.nl.go.kr)와 국가자료공동목록시스템(http://www.nl.go.kr/kolisnet)에서 이용하실 수 있습니다. (CIP제어번호 : CIP2015010304)